IMPRESSUM

Titel: Wir basteln geometrische Körper

MODELLE FÜR DEN MATHEMATIKUNTERRICHT

Autor: Hans J. Schmidt

Redaktion: Wilfried Stascheit

Grafik: Hans J. Schmidt

Layout: Sabine Dams

Druck: Eigendruck

Verlag: Verlag an der Ruhr
Die Schulpraxis
Postfach 10 22 51
4330 Mülheim an der Ruhr
Tel.: 0208/34078 od.-79

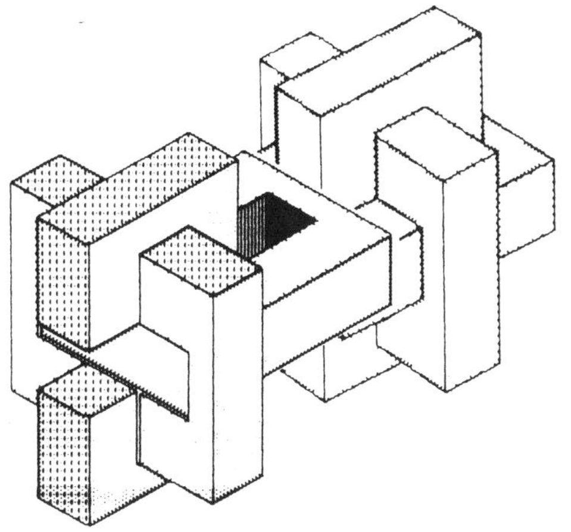

ISBN 3-927279-47-1

Kopieren für die Schule und die Lerngruppe

Als Käufer dieses Materials erhalten Sie für Ihre Klasse das Recht, Kopien in entsprechender Menge für Unterrichtszwecke zu ziehen.
Wir sind die letzten, die Ihnen verbieten würden, dasselbe eventuell auch noch im nächsten Jahr oder für eine Parallelklasse zu machen.
Vor jedem weiteren Gang zum Kopierer halten Sie aber ein und überlegen sich folgendes:
Mit der Herstellung dieser Materialien ist viel Arbeit verbunden, von den AutorInnen, von den RedakteurInnen, von den SetzerInnen, von den LayouterInnen, von den DruckerInnen, vom Vertrieb, von der Verbuchung usw. usw.
Wir bemühen uns, die Geldbeträge für diese Arbeiten möglichst niedrig zu kalkulieren (das können Sie durch Vergleichen unschwer nachprüfen), außerdem zahlen wir auch Autorenhonorar in der Höhe, wie es von der IG Medien (zum Teil erfolglos) gefordert wird.
Trotzdem oder deswegen haben wir 5 neue Arbeitsplätze geschaffen.
Raubkopien sind eine Mißachtung der geistigen Arbeit anderer Menschen und können auch beruflich Existenzen gefährden.

Wir hoffen, Sie verstehen das, und danken dafür.

Inhalt

Lehrerbegleitheft und Kopiervorlagen

Kopiervorlagen:

Wir basteln geometrische Körper

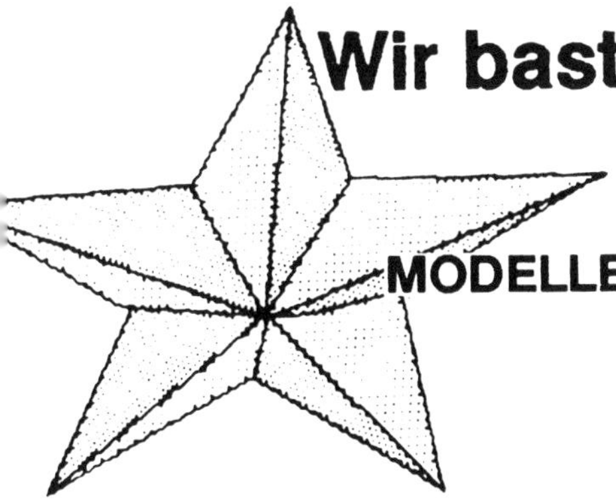

MODELLE FÜR DEN MATHEMATIKUNTERRICHT

Lehrerbegleitheft

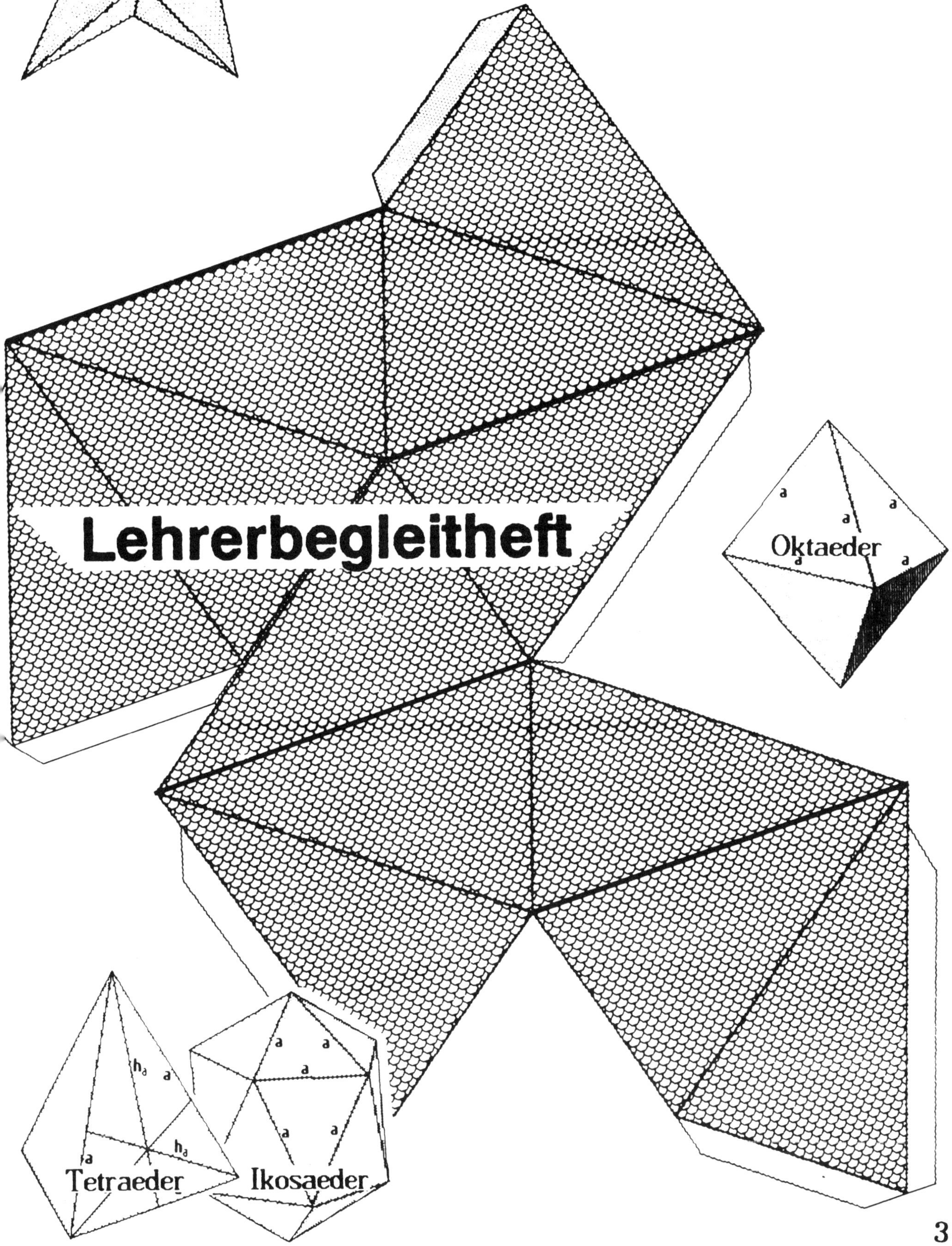

Vorbemerkungen

Zwar gibt es keine allgemeingültigen Rezepte für den Mathematikunterricht, aber da sich die Schüler in der Sekundarstufe I bis mindestens Klasse 8 nach Piaget noch im Stadium der Konkreten Operationen befinden, soll der Unterricht von konkreten Situationen ausgehen. Um dies realisieren zu können, muß der Unterrichtende geeignete attraktive Hilfsmittel bereitstellen. Zu diesen Hilfsmitteln gehören sicherlich Materialien zur enaktiven Erschließung:

Modelle aus Plastik wie Würfel, Pyramide, Kegel, etc. Die präfabrizierten Modelle dienen jedoch lediglich der Demonstration. Der größere erzieherische Wert liegt zweifelsohne in der Herstellung des Modells.
Der Bastelblock entstand aus der Praxis des Mathematikunterrichts in den Klassen 9 und 10 der Sekundarstufe I. Das geringe räumliche Vorstellungsvermögen der Schüler sowie die mangelnde Fähigkeit des perspektivischen Sehens warfen z. B. bei der Anwendung des Satzes des Pythagoras und der trigonometrischen Funktionen sowie der Berechnung von Körpern Probleme auf. Die Demonstration an Modellen war nur Behelf. Vorteilhaft war es, daß jeder Schüler ein Modell erstellte, daß im Unterricht beprochen werden konnte. Da die Stabilität der Körper nicht sehr groß war, erfolgte das Kleben in Heimarbeit. Zur Bewältigung der Hausaufgaben stand also den Schülern immer das geeignete Modell zur Verfügung.
Denkbar ist der Einsatz des Bastelblocks aber auch bei der Gruppenarbeit bzw. in Projekttagen.

Würfel

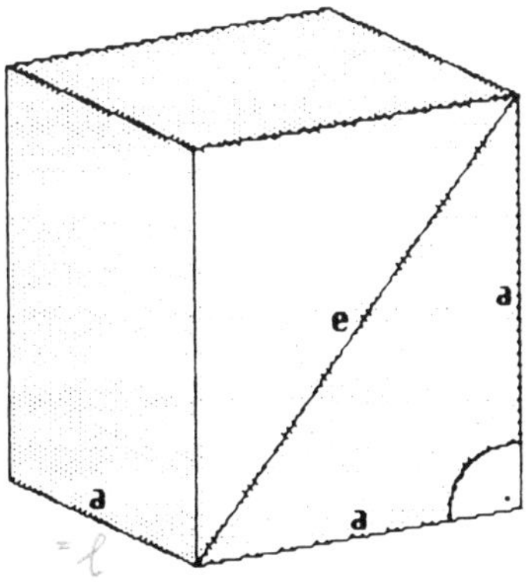

Der Wurfel, der erste der funf platonischen Korper, kann zur Erarbeitung folgender Sachverhalte benutzt werden:

$V=a^3$

$A_O=6\cdot a^2$

$e=a\cdot\sqrt{2}$

Radius der Umkugel $r=\frac{a}{2}\cdot\sqrt{3}$

Radius der Inkugel $\varrho=\frac{a}{2}$

Raumdiagonale

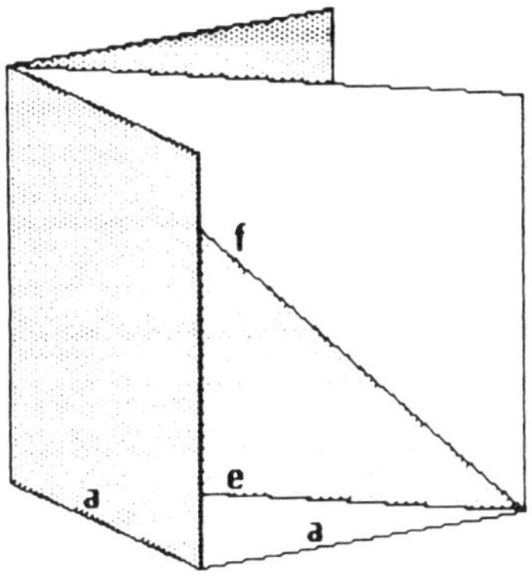

Das „aufgeschnittene" Modell dient zur Herleitung der Formel fur die Raumdiagonale

$f=a\cdot\sqrt{3}$

Quader (Rechtecksäule) Flächendiagonalen

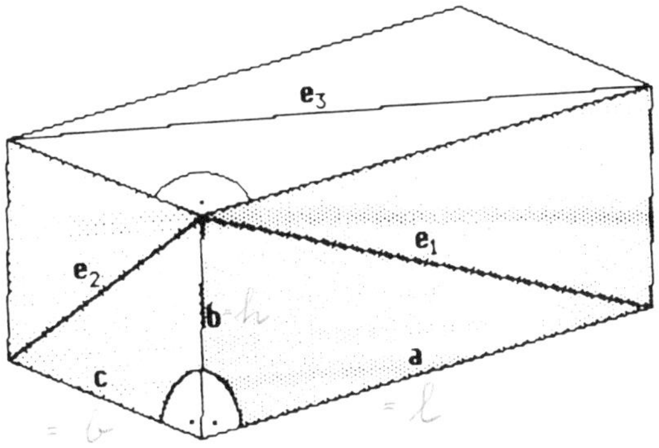

Erarbeitung:

$V = a\cdot b\cdot c$

$A_0 = 2\cdot(a\cdot b + a\cdot c + b\cdot c)$

$e_1 = \sqrt{a^2 + b^2}$

$e_2 = \sqrt{b^2 + c^2}$

$e_3 = \sqrt{a^2 + c^2}$

Raumdiagonale

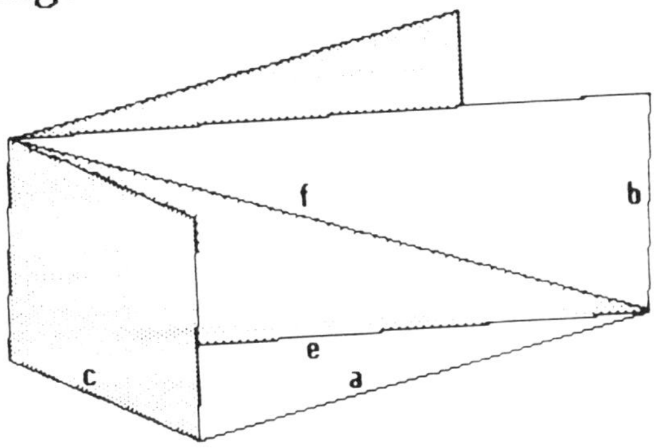

$f = \sqrt{a^2 + b^2 + c^2}$

Prismen
Grundfläche allgemeines Dreieck

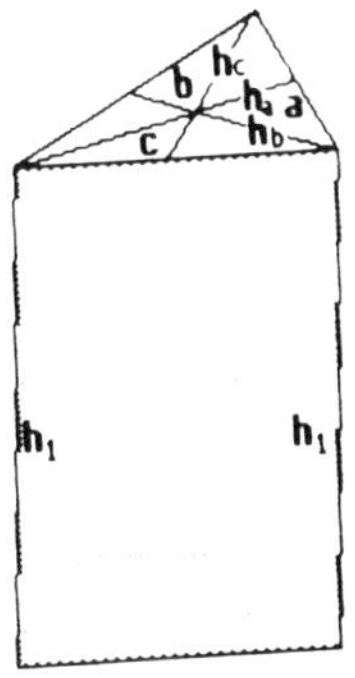

Grundfläche rechtwinkliges Dreieck

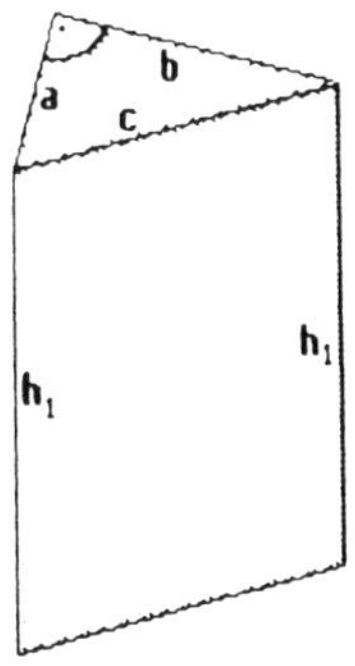

Grundfläche gleichschenkliges Dreieck

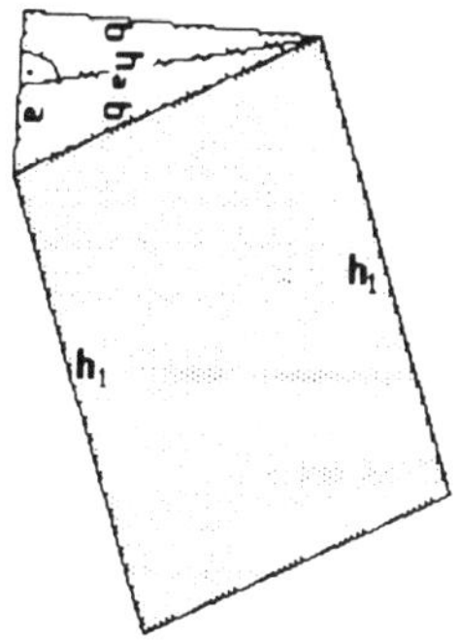

Grundfläche gleichseitiges Dreieck

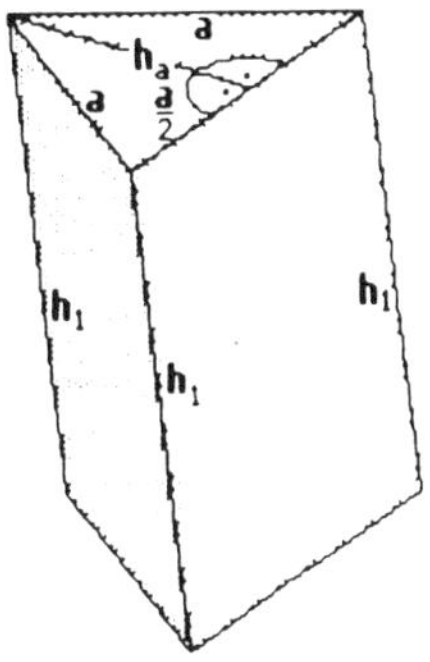

Prismen
Grundfläche Parallelogramm

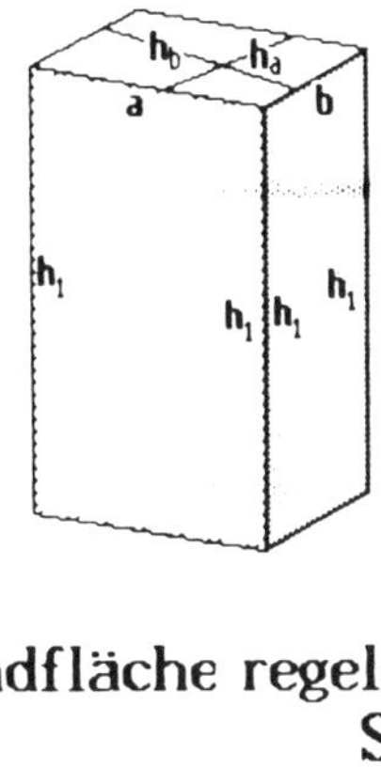

Grundfläche Trapez

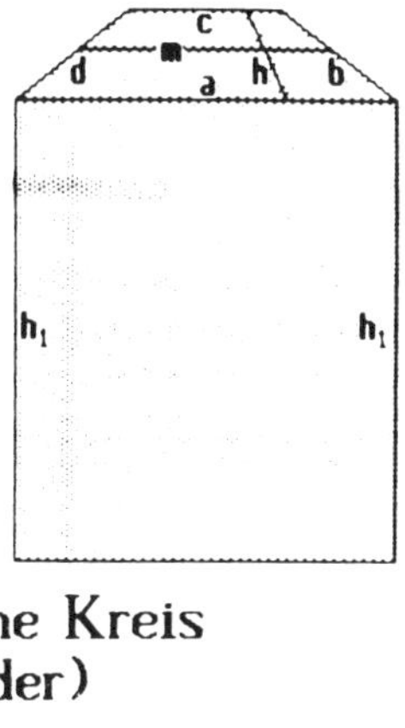

Grundfläche regelmäßiges Sechseck

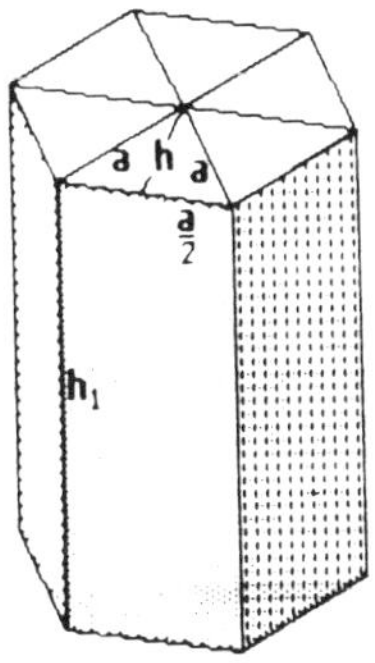

Fur alle kantigen Saulen (Prismen) gilt:

Volumen = Grundflache x Hohe

$$V = G \cdot h_1$$

Oberflache = Mantel + 2·Grundflache

$$O = M + 2 \cdot G$$

Mantel = Umfang$_{\text{Grundflache}}$ x Hohe

$$M = U \cdot h_1$$

Grundfläche Kreis (Zylinder)

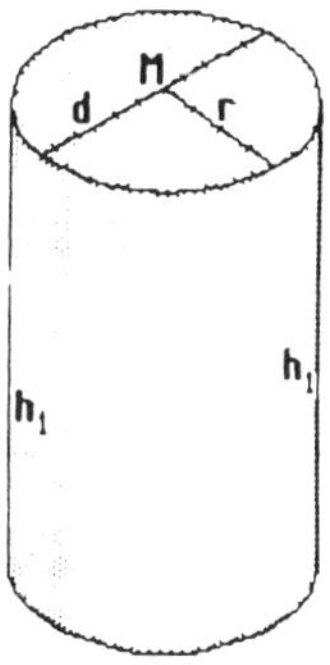

Bastelmodell 1

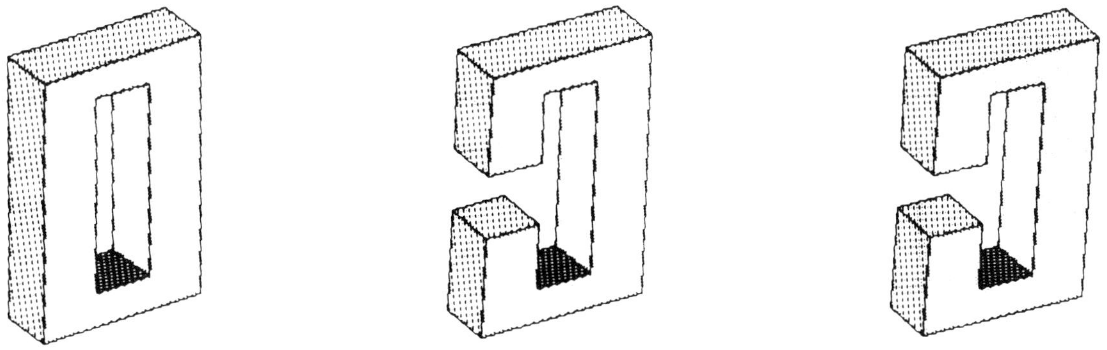

Bastelmodell 1 (Blatt 12 - 14) ist eine Art Geduldsspiel, weil die drei Einzelteile zu einem Gesamtgebilde zusammengesetzt werden können. Das Zusammenkleben der einzelnen Teile stellt eine gute Vorübung dar für das Erstellung schwieriger Modelle.

Wie die drei Einzelteile ineinandergesteckt werden, entnehme man den Abbildungen:

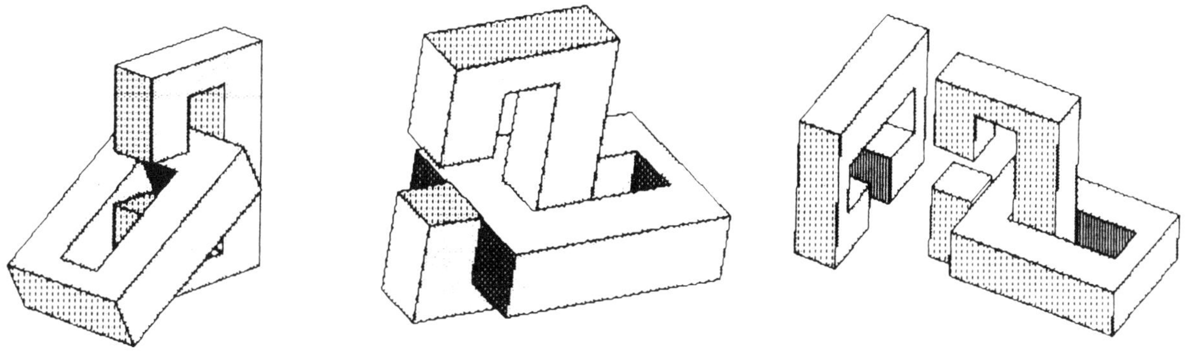

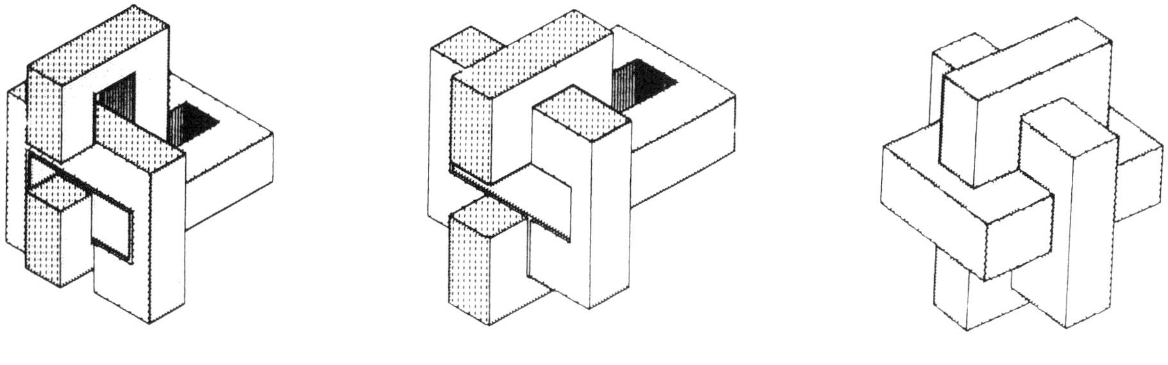

Volumen Pyramide

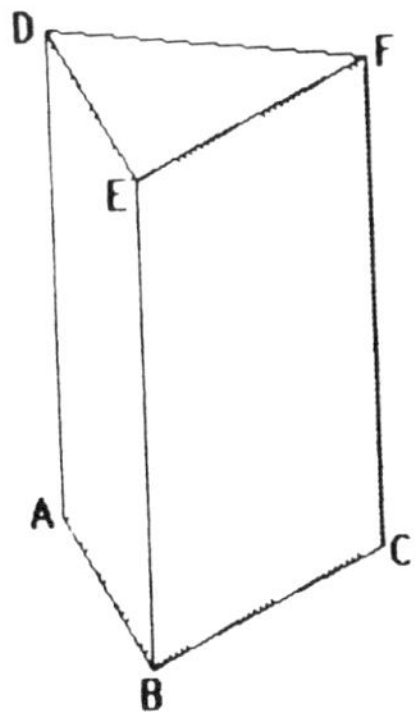

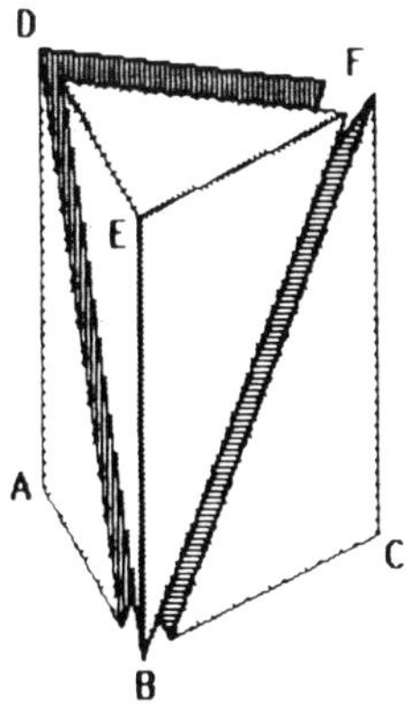

Das Volumen einer Pyramide ist gleich dem dritten Teil des Volumens eines Prismas mit gleicher Grundflache G und Hohe h: $\mathbf{V = \frac{1}{3} \cdot G \cdot h}$.
Die Richtlinien des Landes Nordrhein-Westfalen sehen zwar nicht mehr die Herleitung der Formel, sondern nur noch deren Anwendung vor, dennoch kann den Schulern die Beweisidee anhand der Vorlagen 15 - 18 nahegebracht werden. Die drei Teilkorper werden gemaß Abbildung in das Prisma hineingebracht. Es zeigt sich also, daß die drei Teilkorper zusammen das Volumen des Prismas ausmachen. Es bleibt zu zeigen, daß die drei Teilkorper untereinander volumengleich sind.

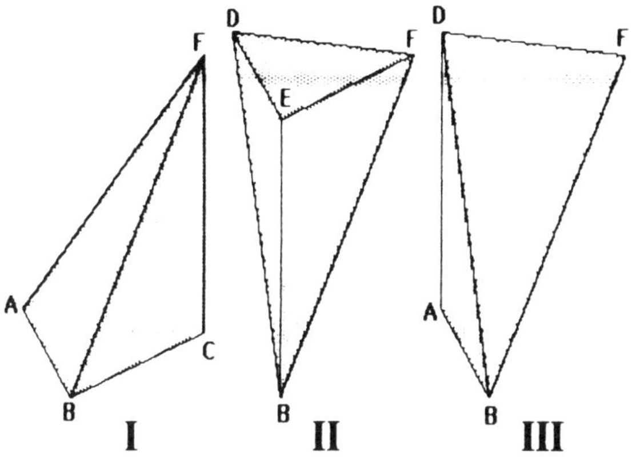

Hier kann auf den Satz des Cavalieri verwiesen werden, der besagt, daß Korper volumengleich sind, wenn ihre Parallelquerschnitte in gleichen Abstanden **zu den Grundflachen** stets flachengleich sind. Mit Hilfe der Strahlensatze kann bewiesen werden, daß alle Pyramiden mit gleich großen Grundflachen und Hohen volumengleich sind. (Man lese in der entsprechenden Literatur nach.)

Teilkorper I und II sind volumengleich, weil sie gleich große Grundflachen und Hohen haben
($\Delta ABC \cong \Delta DEF$; $\overline{FC} = \overline{EB}$)
Teilkorper II und III sind ebenfalls volumengleich
($\Delta BEF \cong \Delta ABD$; $\overline{DF}$ ist fur beide Teilkorper die Hohe).
Aus I = II und II = III folgt: Die drei Teilkorper sind volumengleich.

Pyramide
Grundfläche Quadrat

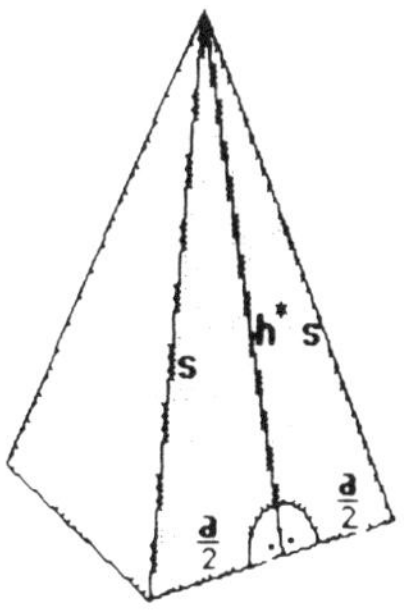

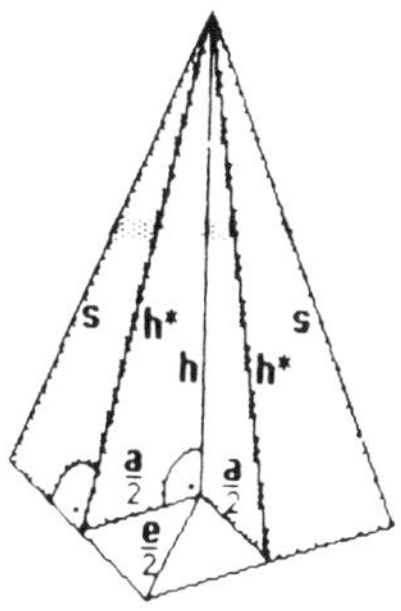

Grundfläche regelmäßiges Sechseck

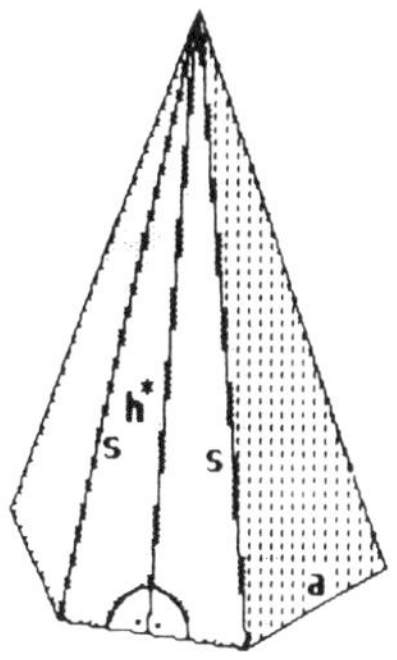

Grundfläche Rechteck

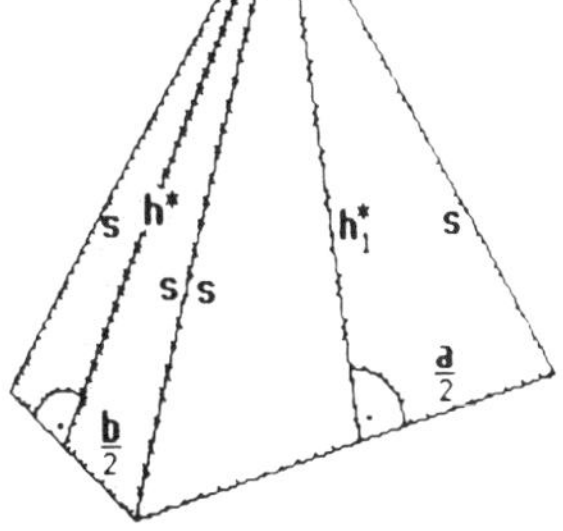

Sowohl fur gerade als auch schiefe Pyramiden gilt:

$$\text{Volumen} = \frac{\text{Grundflache x Hohe}}{3}$$

$$V = \frac{G \cdot h}{3}$$

Oberflache = Mantel + Grundflache

$$O = M + G$$

Das „aufgeschnittene" Modell dient zur Verdeutlichung der unterschiedlichen Hohen sowie der Seitenkante s (Anwendung Satz des Pythagoras)

Tetraeder

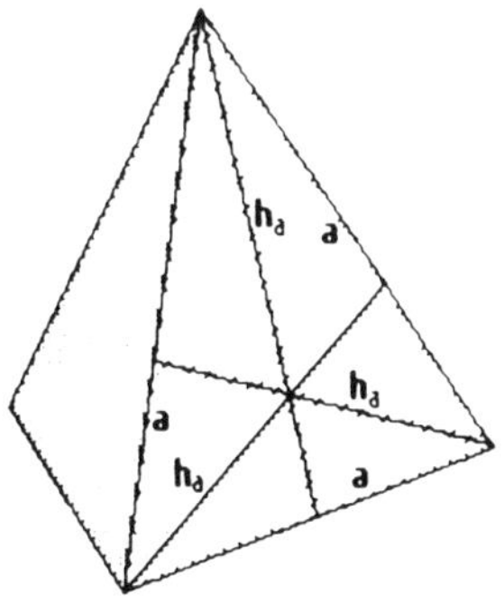

Oktaeder

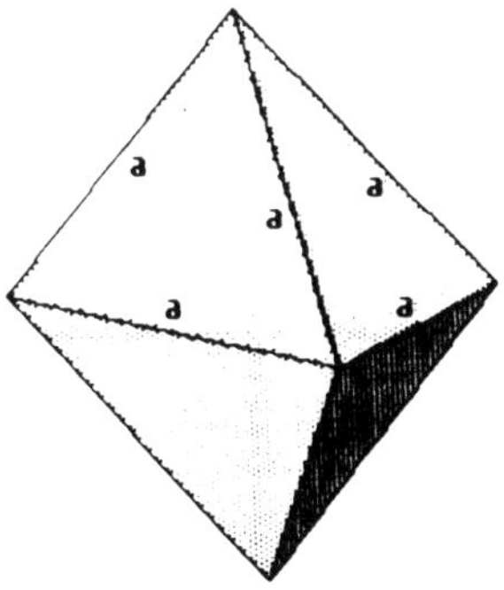

Dodekaeder

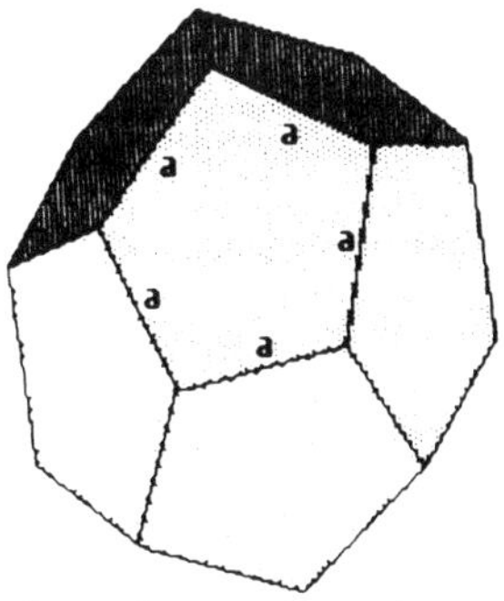

Ikosaeder

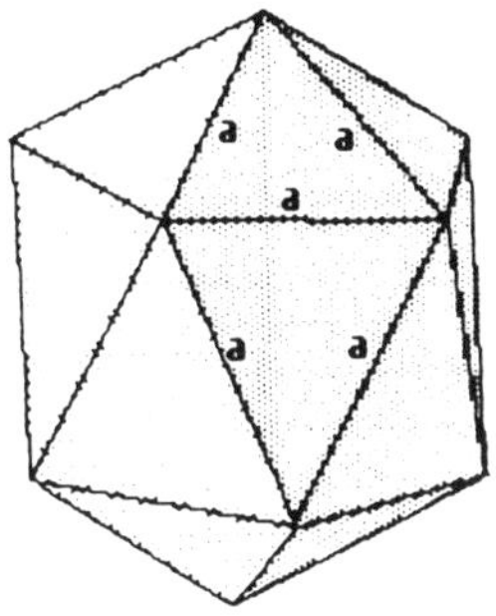

Korper, die von regelmaßig kongruenten Vielecken begrenzt werden, sind regulare Korper: das Tetraeder (Blatt 23), das Hexaeder (Blatt 1), das Oktaeder (Blatt 35), das Dodekaeder (Blatt 36 und 37), das als Kalenderersatz herhalten muß, und das Ikosaeder (Blatt 38). Die Berechnung dieser regularen Korper entnehme man der Tabelle.

Kante = a, Anzahl der Flachen = f, Anzahl der Ecken = e, Anzahl der Kanten = k, Radius der Umkugel = r, Radius der Inkugel = ϱ, Oberflache = O, Volumen = V

	f	e	k	r	ϱ	O	V
Tetraeder	4	4	6	$\frac{a}{4}\cdot\sqrt{6}$	$\frac{a}{12}\cdot\sqrt{6}$	$a^2\cdot\sqrt{3}$	$a^3\cdot\frac{\sqrt{2}}{12}$
Hexaeder	6	8	12	$\frac{a}{2}\cdot\sqrt{3}$	$\frac{a}{2}$	$a^2\cdot 6$	a^3
Oktaeder	8	6	12	$\frac{a}{2}\cdot\sqrt{2}$	$\frac{a}{6}\cdot\sqrt{6}$	$a^2\cdot 2\cdot\sqrt{3}$	$a^3\cdot\frac{\sqrt{2}}{3}$
Dodekaeder	12	20	30	$\frac{a\cdot\sqrt{3}\cdot(1+\sqrt{5})}{4}$	$\frac{a\cdot\sqrt{10(25+11\cdot\sqrt{5})}}{20}$	$a^2\cdot 3\cdot\sqrt{5(5+2\sqrt{5})}$	$a^3\cdot\frac{15+7\cdot\sqrt{5}}{4}$
Ikosaeder	20	12	30	$\frac{a}{4}\cdot\sqrt{2(5+\sqrt{5})}$	$\frac{a\cdot\sqrt{3}\cdot(3+\sqrt{5})}{12}$	$a^2\cdot 5\cdot\sqrt{3}$	$a^3\cdot\frac{5(3+\sqrt{5})}{4}$

Kegel

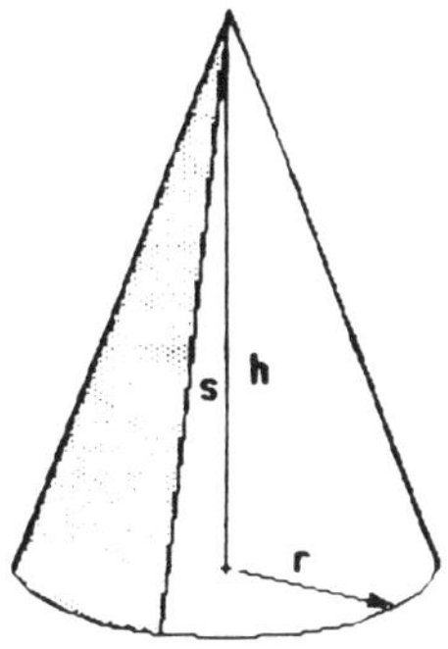

Anhand der Vorlage laßt sich erarbeiten:

Oberflache$_{Kegel}$ = Grundflache + Mantel

$O = G + M$

$M = \frac{b\cdot r}{2}$ $\quad (b = 2\cdot\pi\cdot r)$

$M = \frac{2\cdot\pi\cdot r\cdot s}{2}$

$M = \pi\cdot r\cdot s$

$O = \pi\cdot r^2 + \pi\cdot r\cdot s$

$O = \pi\cdot r\cdot(r+s)$

Mittelpunktswinkel $\alpha = 360\cdot\frac{r}{s}$

$V = \frac{1}{3}\pi\cdot r^2\cdot h$

Berechnung der Höhe bzw. der Seitenkante

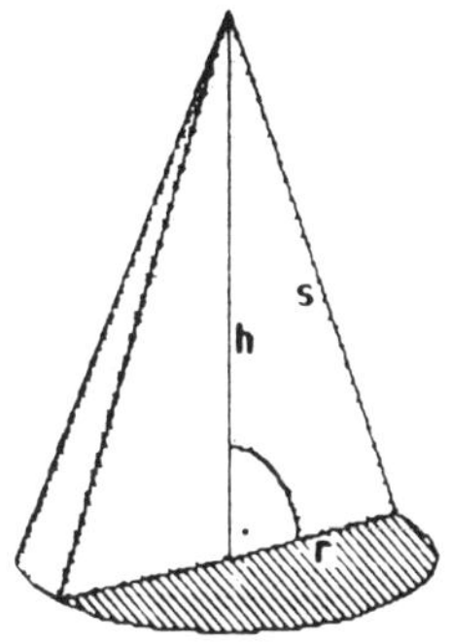

$s^2 = r^2 + h^2$

$s = \sqrt{r^2 + h^2}$

$h^2 = s^2 - r^2$

$h = \sqrt{s^2 - r^2}$

$r^2 = s^2 - h^2$

$r = \sqrt{s^2 - h^2}$

Volumen Pyramidenstumpf

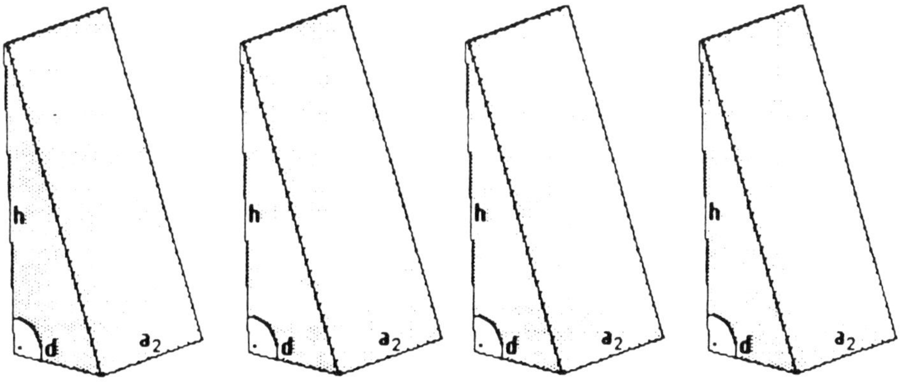

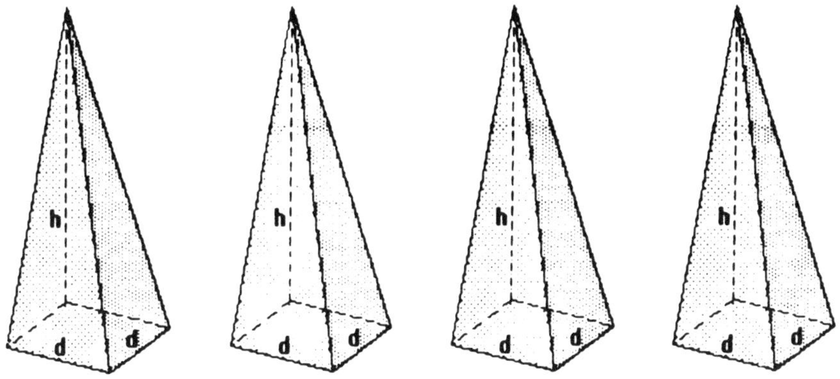

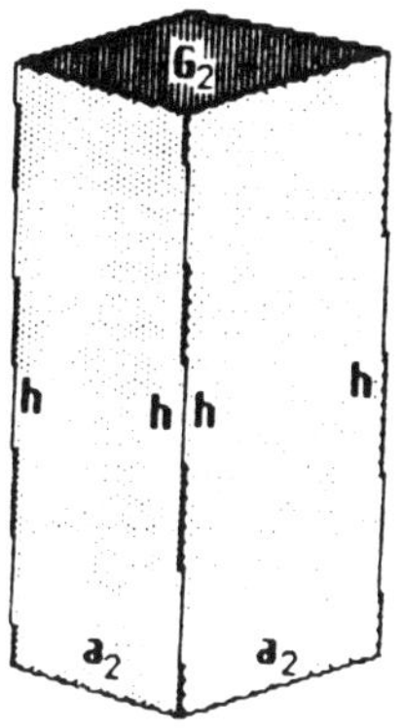

Die so zusammengebauten Teile stellt man zu einem Pyramidenstumpf zusammen. Es kann die Formel hergeleitet werden:

$$V = \frac{1}{3} \cdot h \cdot [a_1^2 + a_1 \cdot a_2 + a_2^2]$$

$$V = \frac{1}{3} \cdot h \cdot [G_1 + \sqrt{G_1 G_2} + G_2]$$

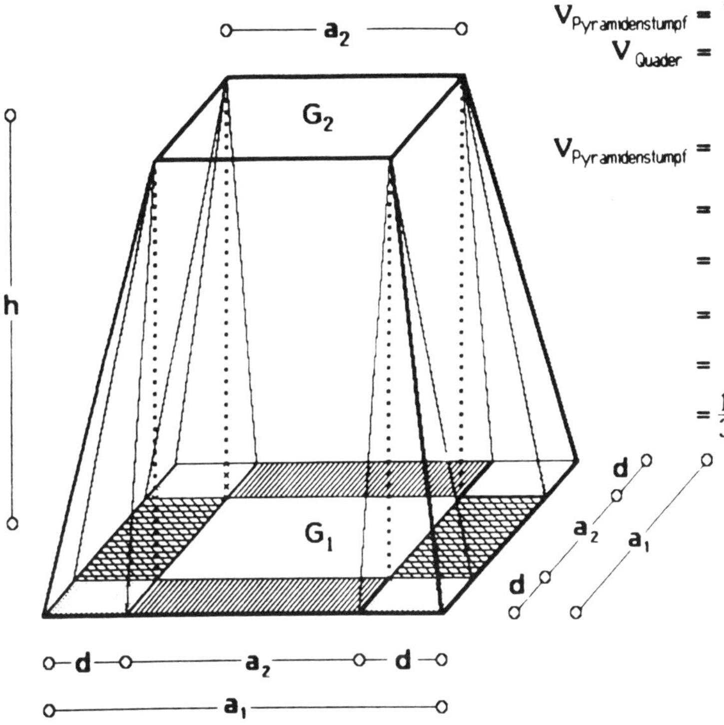

$$V_{Pyramidenstumpf} = V_{Quader} + 4 \cdot V_{Pyramide} + 4 \cdot V_{Keil}$$

$$V_{Quader} = a_2^2 \cdot h \quad V_{Pyramide} = \frac{1}{3} d^2 \cdot h \quad V_{Keil} = \frac{a_2 \cdot d \cdot h}{2}$$

$$V_{Pyramidenstumpf} = a_2^2 \cdot h + \frac{4 \cdot d^2 \cdot h}{3} + \frac{4 \cdot d \cdot a_2 \cdot h}{2}$$

$$= a_2^2 \cdot h + \frac{(2d)^2 \cdot h}{3} + 2 \cdot d \cdot a_2 \cdot h$$

$$= h \cdot \left[a_2^2 + \frac{(a_1 - a_2)^2}{3} + (a_1 - a_2) \cdot a_2\right]_{\text{weil } a_1 - a_2 = 2d}$$

$$= h \cdot \left[a_2^2 + \frac{1}{3} a_1^2 - \frac{2}{3} a_1 \cdot a_2 + \frac{1}{3} a_2^2 + a_1 \cdot a_2 - a_2^2\right]$$

$$= h \cdot \left[\frac{1}{3} a_1^2 + \frac{1}{3} a_1 \cdot a_2 + \frac{1}{3} a_2^2\right]$$

$$= \frac{1}{3} h \cdot \left[a_1^2 + a_1 \cdot a_2 + a_2^2\right]$$

Pyramidenstumpf (quadratische Grund- und Deckfläche)

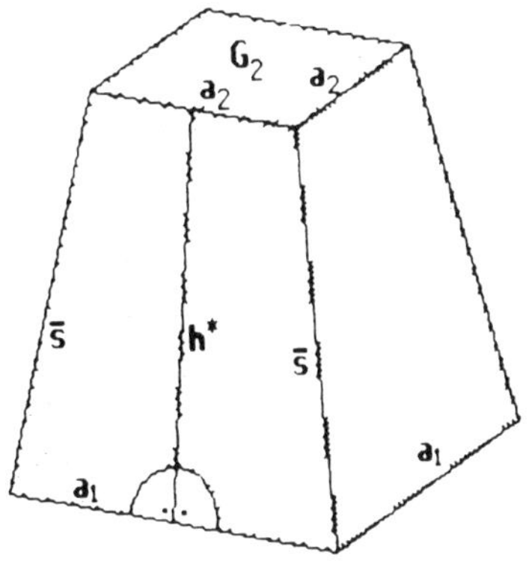

Erarbeitung:

$O = G_1 + G_2 + M$

$G_1 = a_1^2$

$G_2 = a_2^2$

$M = 4 \cdot \frac{a_1 + a_2}{2} \cdot h^*$

$O = a_1^2 + a_2^2 + (a_1 + a_2) \cdot h^*$

$h^* = \sqrt{h^2 + \left[\frac{a_1 - a_2}{2}\right]^2}$

Kegelstumpf

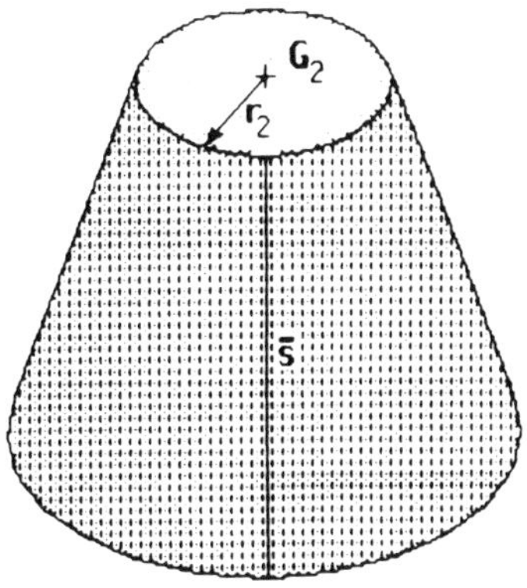

$O = G_1 + G_2 + M$

$G_1 = r_1^2 \cdot \pi$

$G_2 = r_2^2 \cdot \pi$

$M = \pi \cdot \bar{s} \cdot (r_1 + r_2)$

$O = \pi \cdot \left[r_1^2 + r_2^2 + \bar{s} \cdot (r_1 + r_2)\right]$

$\bar{s} = \sqrt{h^2 + (r_1 - r_2)^2}$

$V = \frac{1}{3} \cdot \pi \cdot h \cdot (r_1^2 + r_1 \cdot r_2 + r_2^2)$

Bastelmodell 2

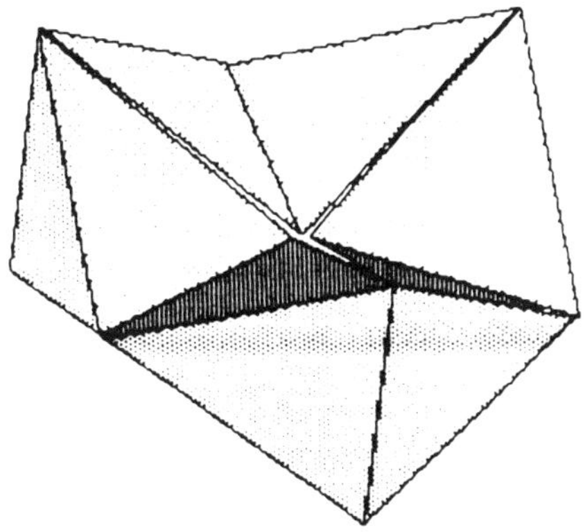

Bei diesem Modell handelt es sich um einen dreidimensionalen Ring aus einzelnen Pyramiden, der sich durch sein Zentrum drehen laßt. Der Zusammenbau dieses Modells ist etwas schwierig. Zunachst wird Falz A an Kante A geklebt:

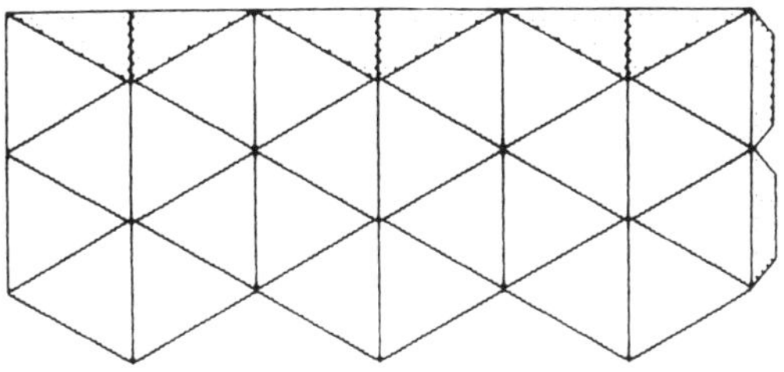

Alle Linien werden angeritzt, um besser falten zu konnen. Legt man die Dreiecke entlang aller diagonalen Linien nach hinten um, so bringt sich das Modell ungefahr schon in die gewunschte Form, eine Art Kette einzelner Dreieckspyramiden. Die mit Klebefalz gekennzeichneten Stucke werden mit den gegenuberliegenden Dreiecken verklebt, wobei genau auf Paßgenauigkeit geachtet werden sollte. Die so entstandene Pyramidenkette laßt sich zu einem geschlossenen Ring zusammenbiegen. Die zwei Falzen an einem Ende werden in den Schlitz am anderen Enge des Ringes geklebt. Nach Trocknen des Klebstoffs kann das Modell durch die Mitte gedreht werden.

Bastelmodell 3

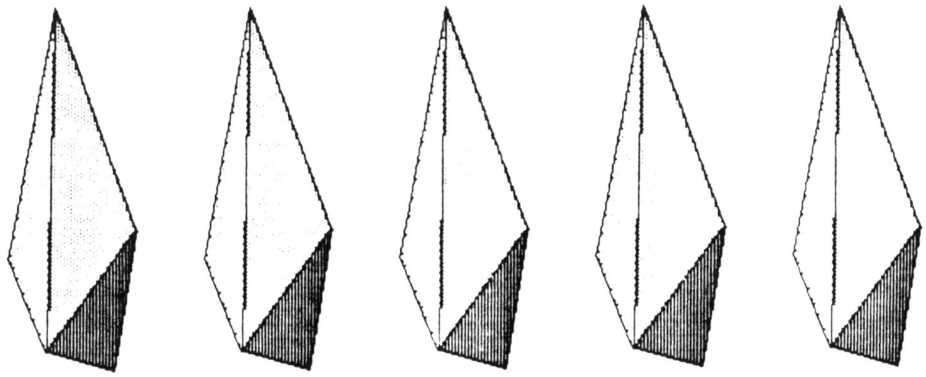

Beim Bastelmodell 3 (Blatt 42 - 44) handelt es sich um einen funfstrahligen Stern, den man vielleicht vor den Weihnachtsferien erstellt. Da der Zusammenbau dieses Modells keine Schwierigkeiten macht, kann es bereits in Klasse 7/8 vorgestellt werden. Weil fernerhin in dieser Jahrgangsstufe das Aufstellen von Losungsplanen fur geometrische Konstruktionen (Dreiecke, Vierecke) und die Durchfuhrung dieser Konstruktionen verbindliche Stoffgebiete sind, kann man die einzelnen Drachenvierecke gegebenenfalls konstruieren lassen. Die Maße lassen sich der Vorlage entnehmen.

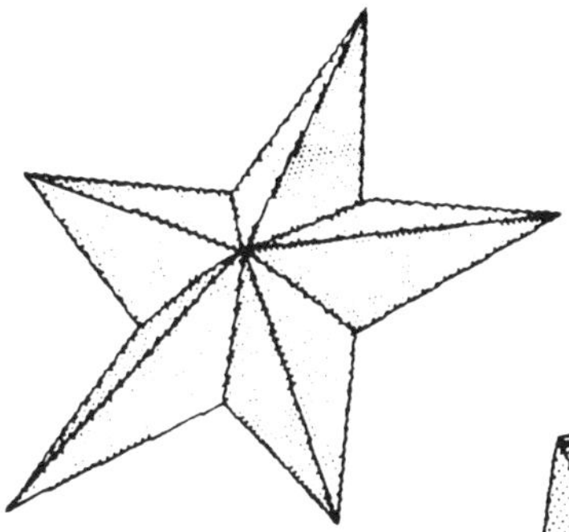

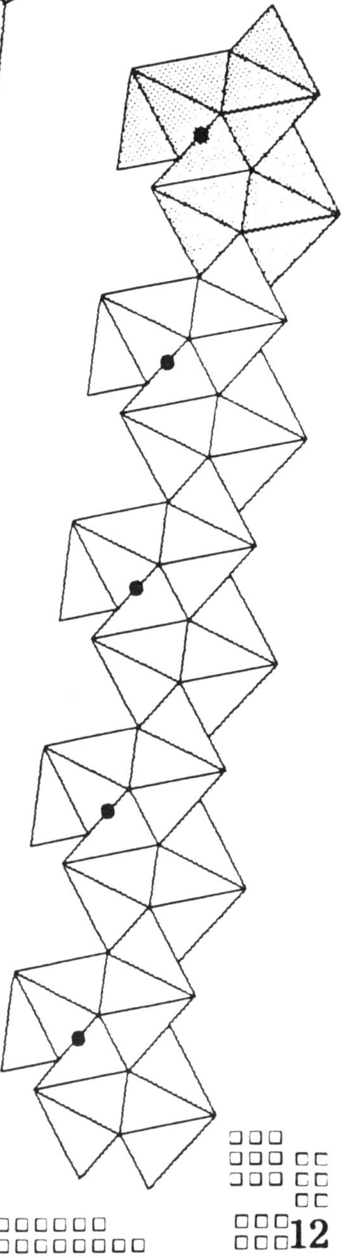

Bastelmodell 4

Bei diesem Modell (Blatt 45 - 49) handelt es sich um einen Weihnachtsstern auf der Basis des Ikosaeders, dem auf seine zwanzig Flachen Pyramiden „aufgesetzt" wurden. Nur mit großer Sorgfalt laßt sich ein ansprechender Stern erstellen.

Zunachst werden die funf Vorlagen ausgeschnitten und miteinander verbunden, indem Falz A unter Kante A geklebt wird. Anschließend werden alle Linien mit einem Schneidemesser angeritzt, um den Karton besser knicken zu konnen. An den mit • gekennzeichneten Stellen wird der Karton durchgetrennt. Je drei zusammengehorige Dreiecke werden zu einer Pyramide geklebt. Die zwanzig Pyramiden werden dann miteinander verbunden.

Die Vorlagen 50, 51, 52 und 55 dienen dazu, die zeichnerische Darstellung von linearen und nichtlinearen Funktionen, quadratischer Funktionen und Potenz-, Exponential-, Logarithmusfunktionen sowie trigonometrischer Funktionen effektiver bewältigen zu können. Jeder Schüler beklebt seine Vorlage mit Folie, die mit wasserlöslichen Stiften beschriftet und jederzeit wieder gelöscht werden kann.
Die Transparentvorlagen 53 und 54 zeigen die Funktionen $y=x^2$, $y=\frac{1}{2}x^2$, $y=\frac{1}{3}x^2$, $y=2x^2$, $y=x^3$, $y=2^x$, $y=(\frac{1}{2})^x$, $y=x^{-2}$ und $y=x^{-1}$. Diese durchscheinenden Vorlagen können gegebenenfalls ausgeschnitten und aufgelegt bzw. verschoben werden, um z. B. den Verlauf der Funktion $y=a\cdot[(x-d)^2+e]$ zu zeigen.

Würfel

1

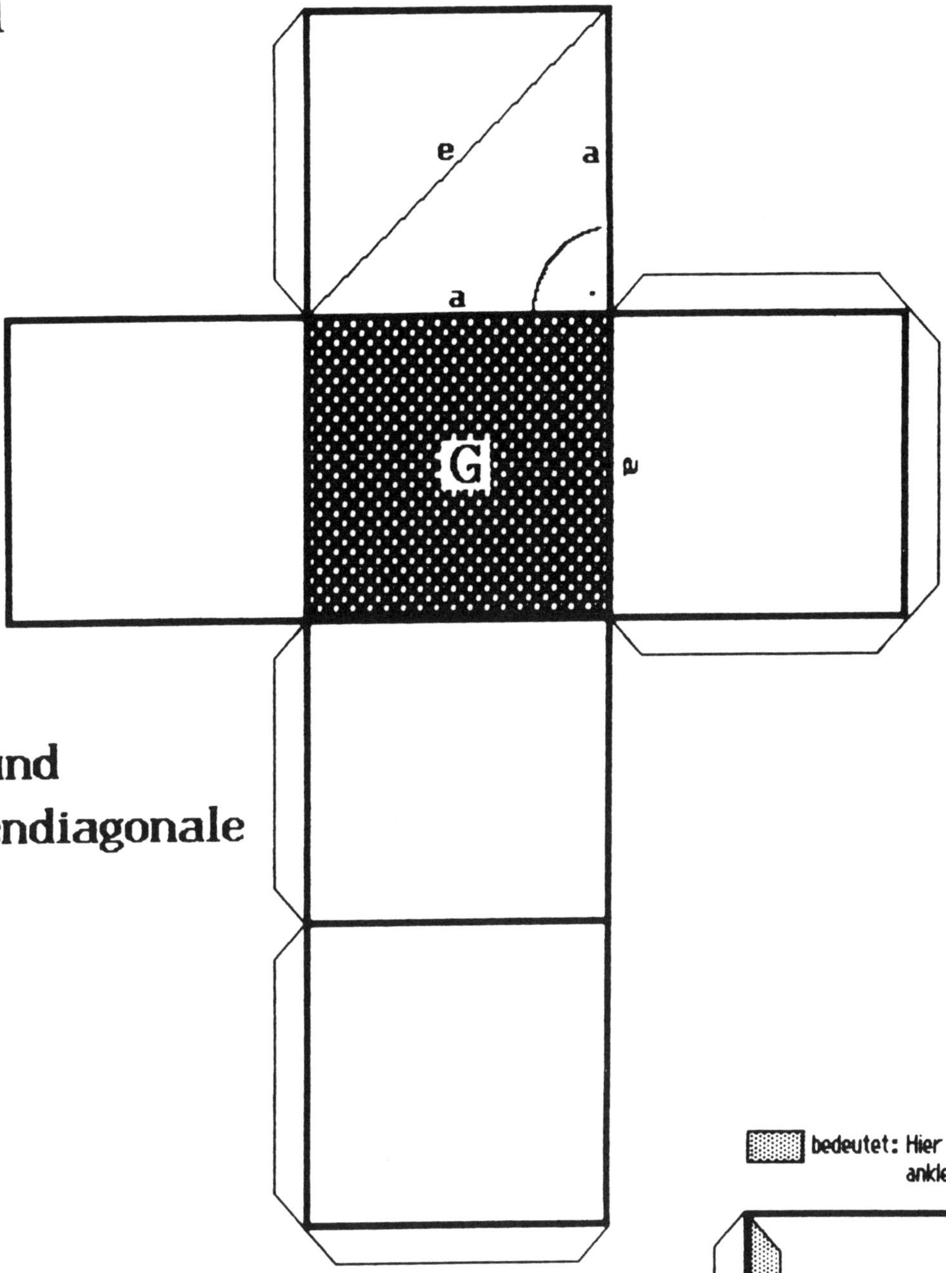

Netz und Flächendiagonale

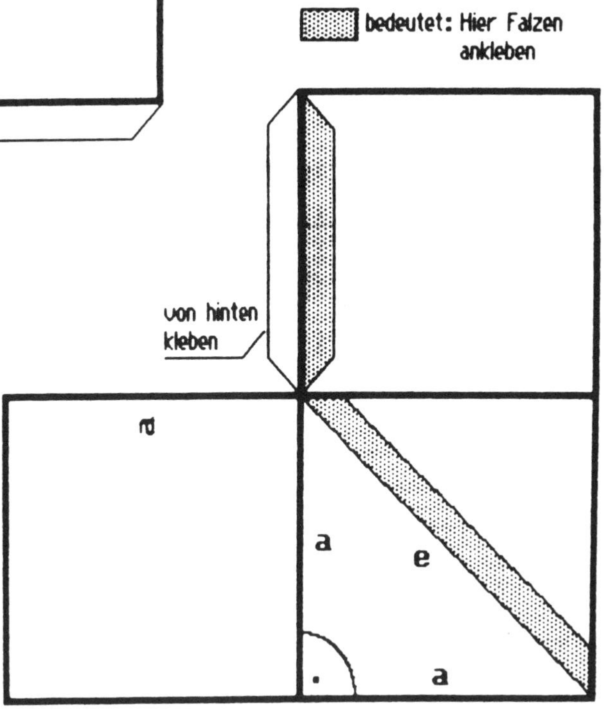

Raumdiagonale

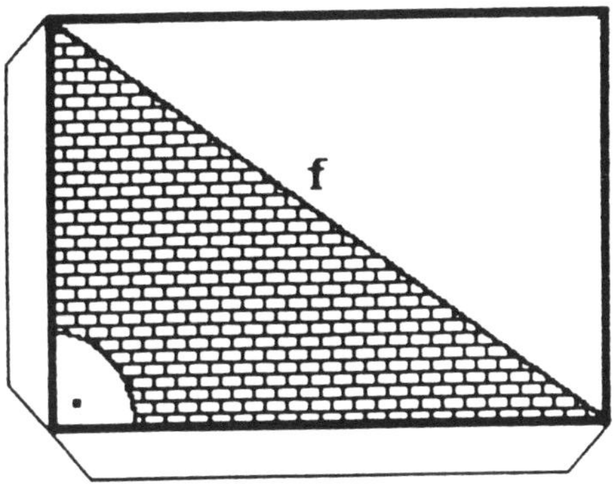

Quader (Rechtecksäule)

Flächendiagonalen

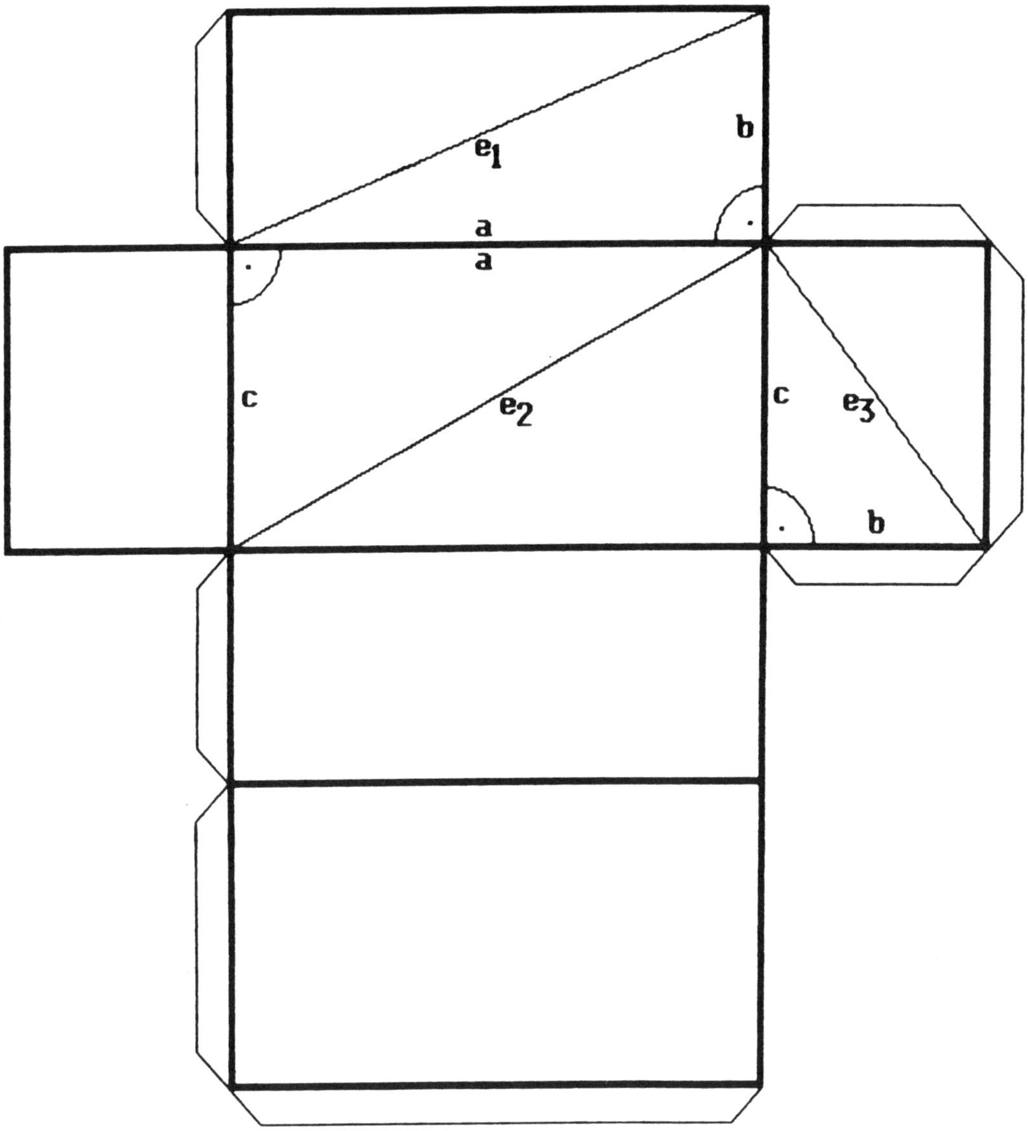

Rechtecksäule
Raumdiagonale

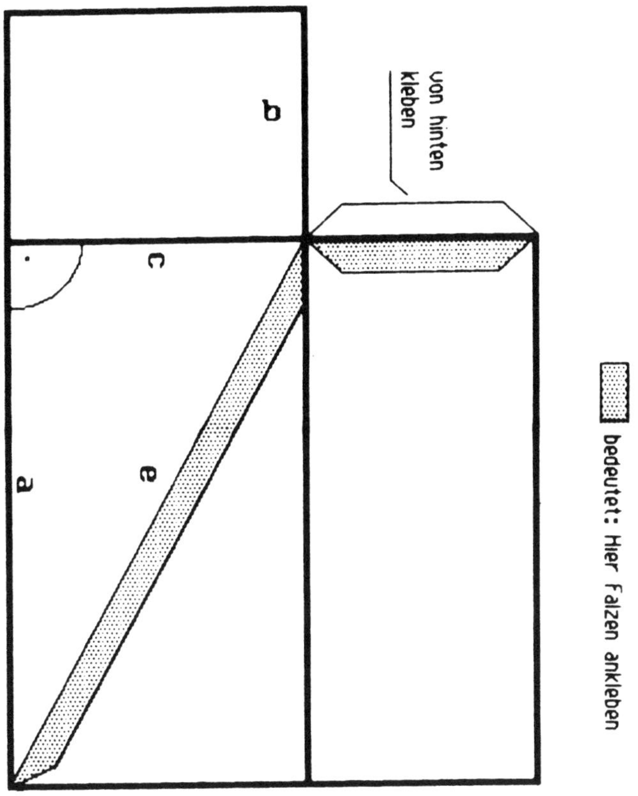

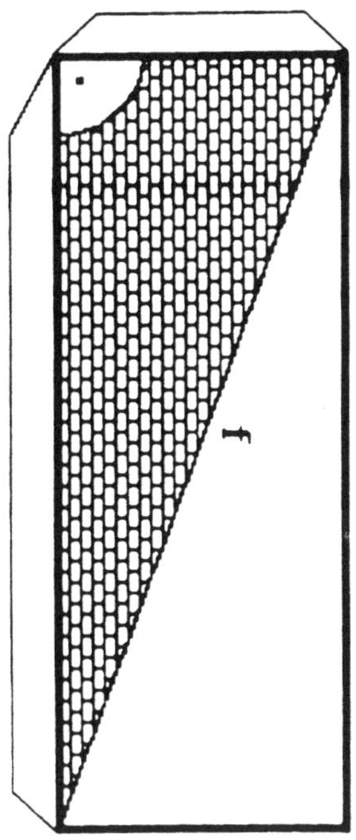

Dreieckssäule
(allgemeines Dreieck)

4

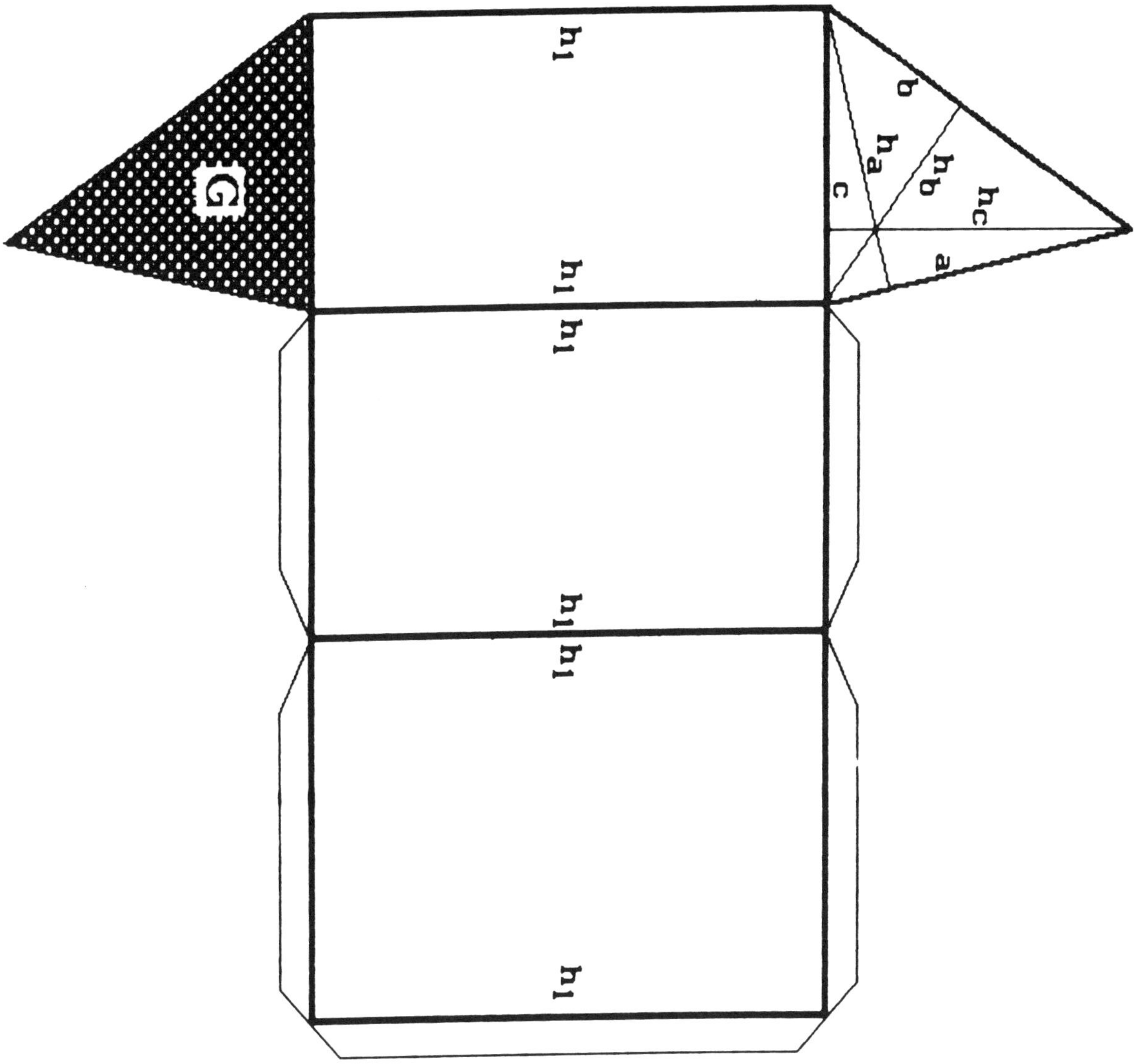

Dreieckssäule
(rechtwinkliges Dreieck)

5

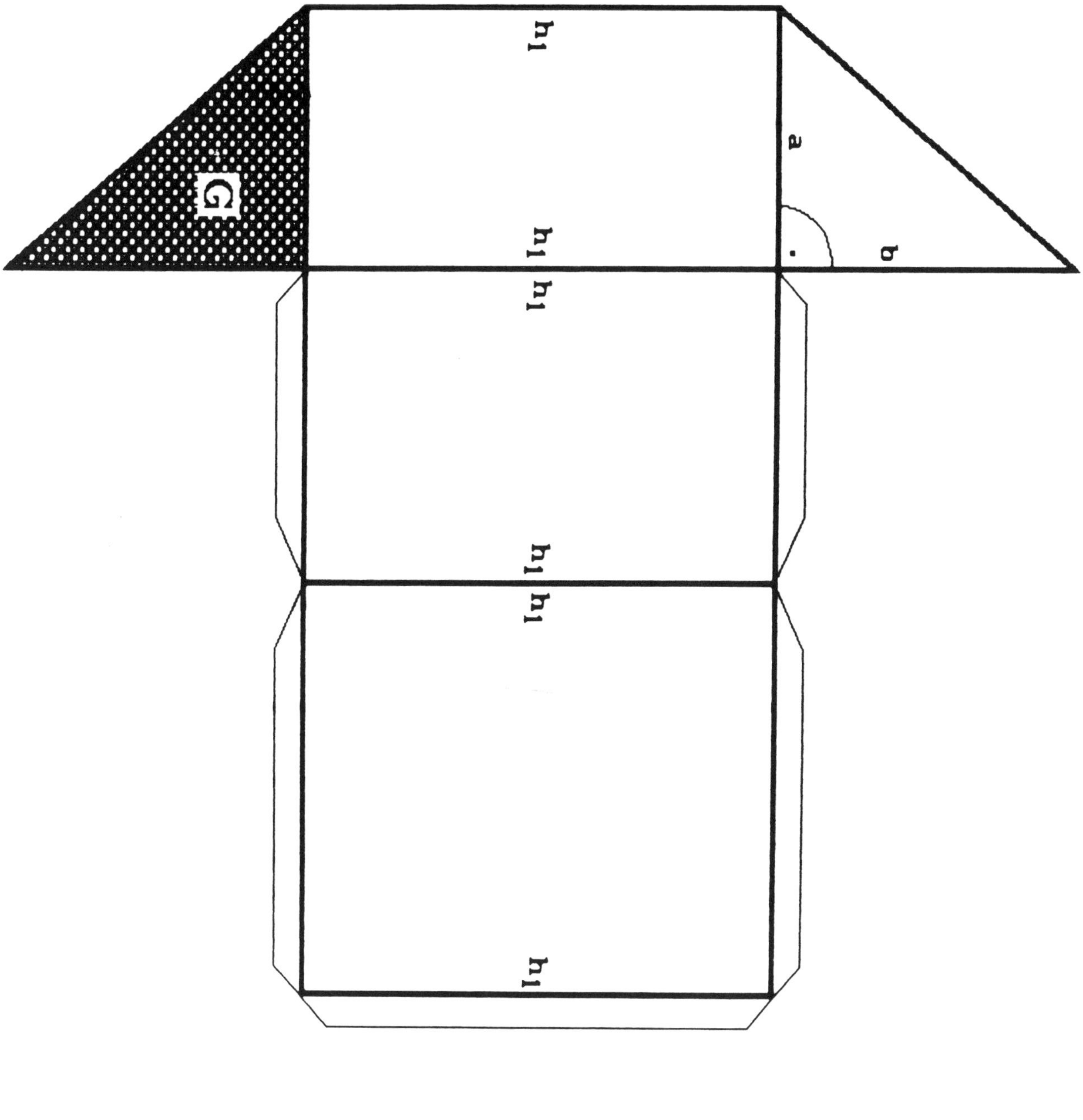

Dreieckssäule
(gleichschenkliges Dreieck)

6

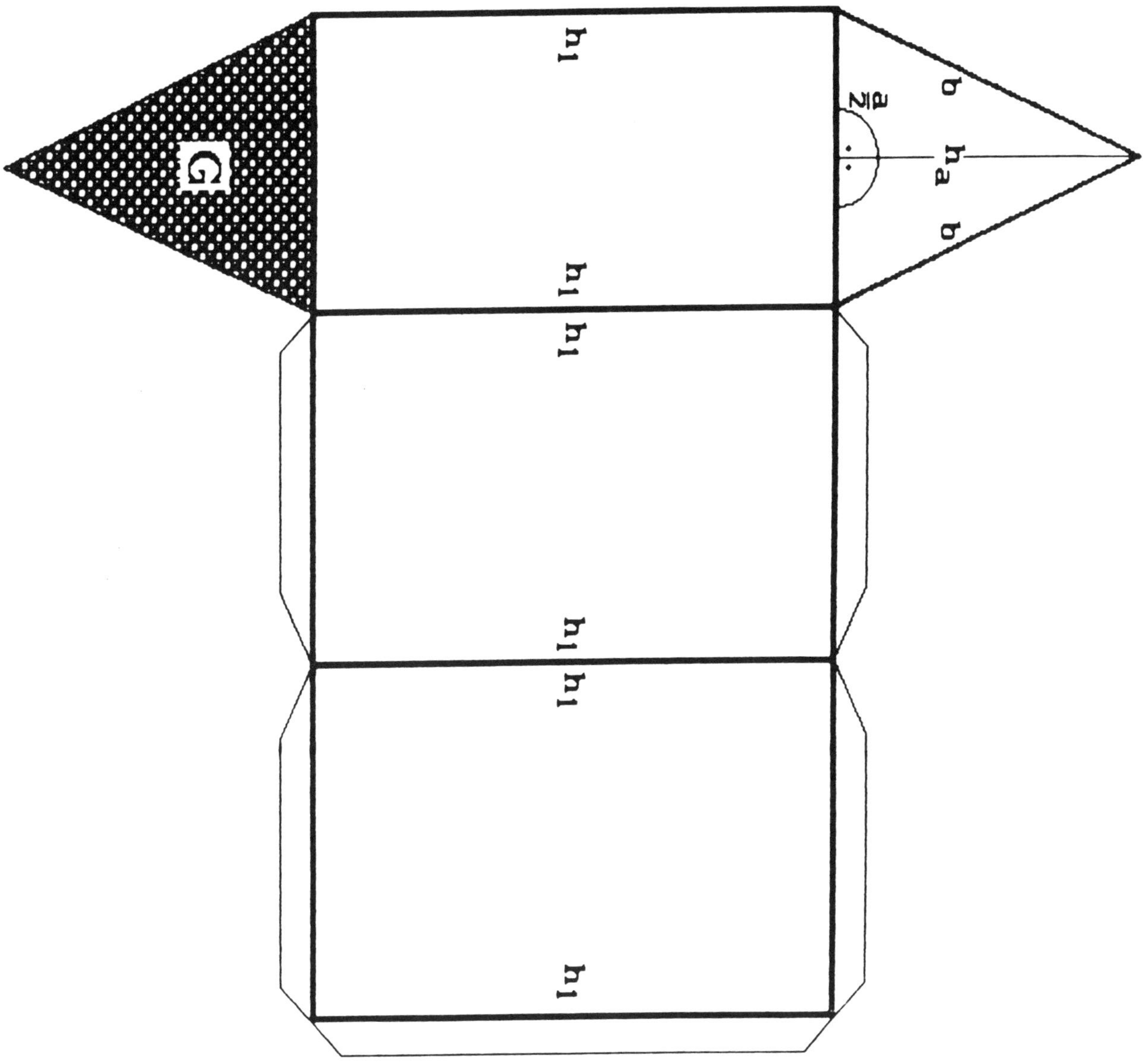

Dreieckssäule
(gleichseitiges Dreieck)

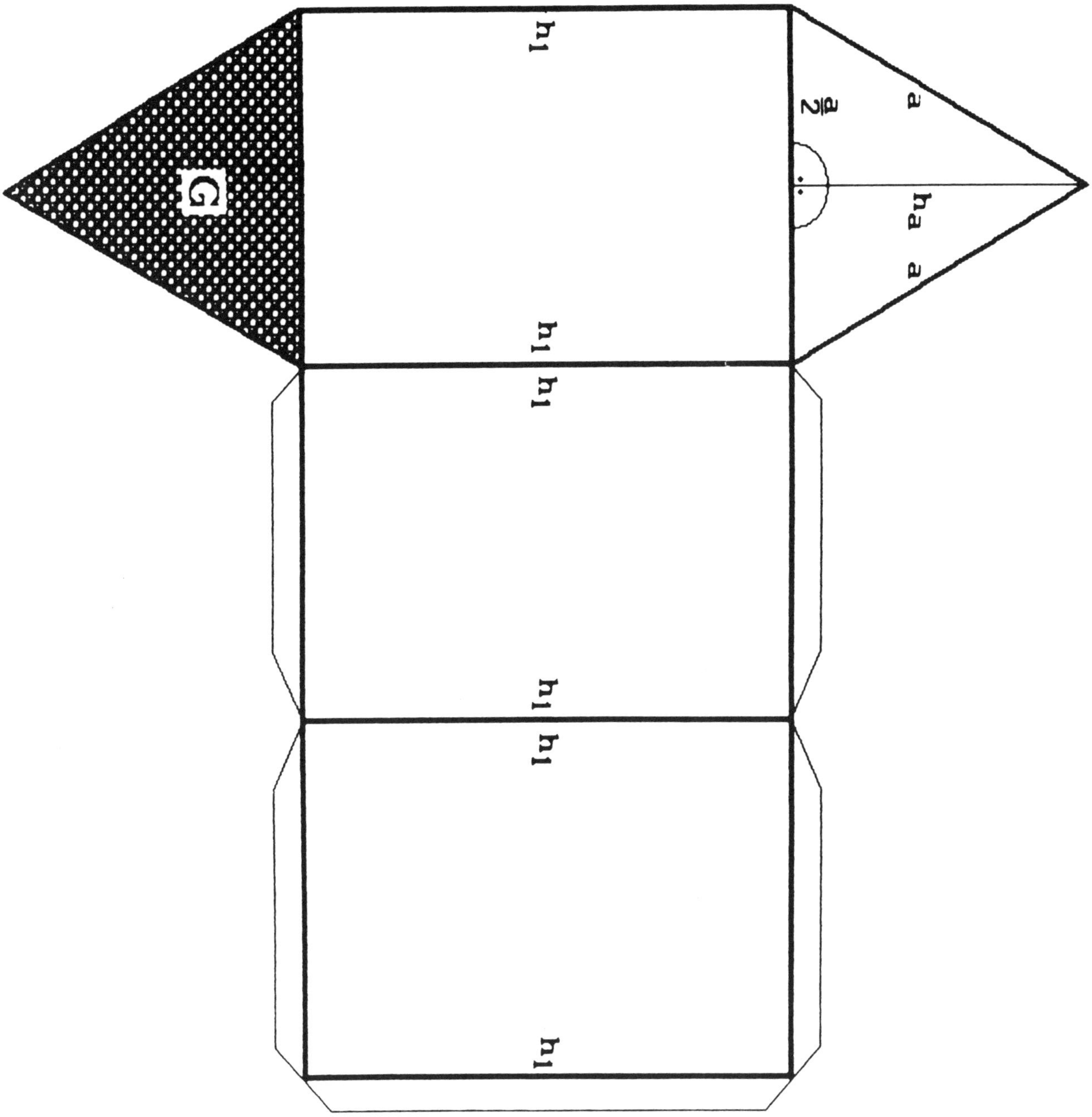

Prisma
(Grundfläche Parallelogramm)

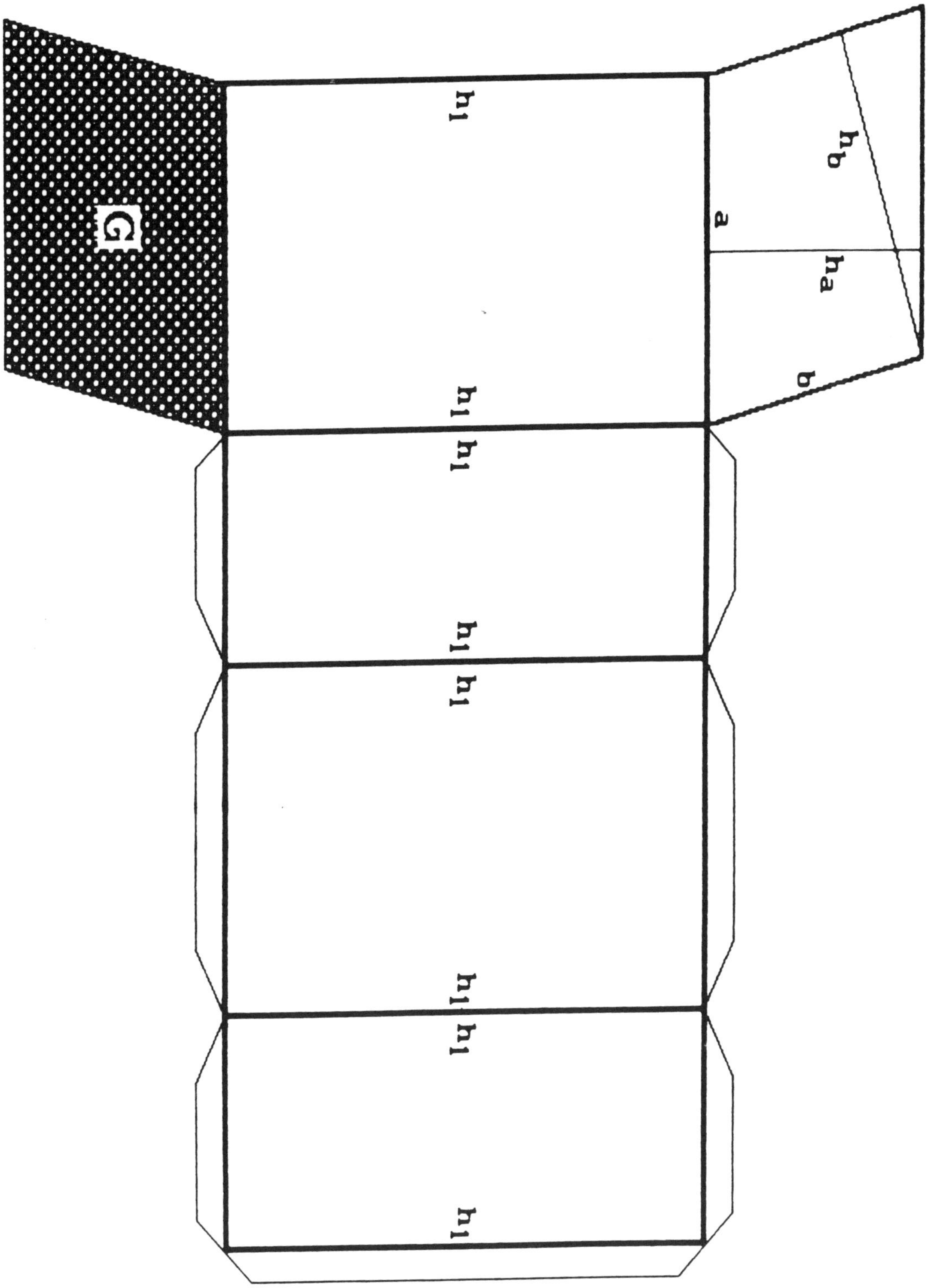

Trapezsäule

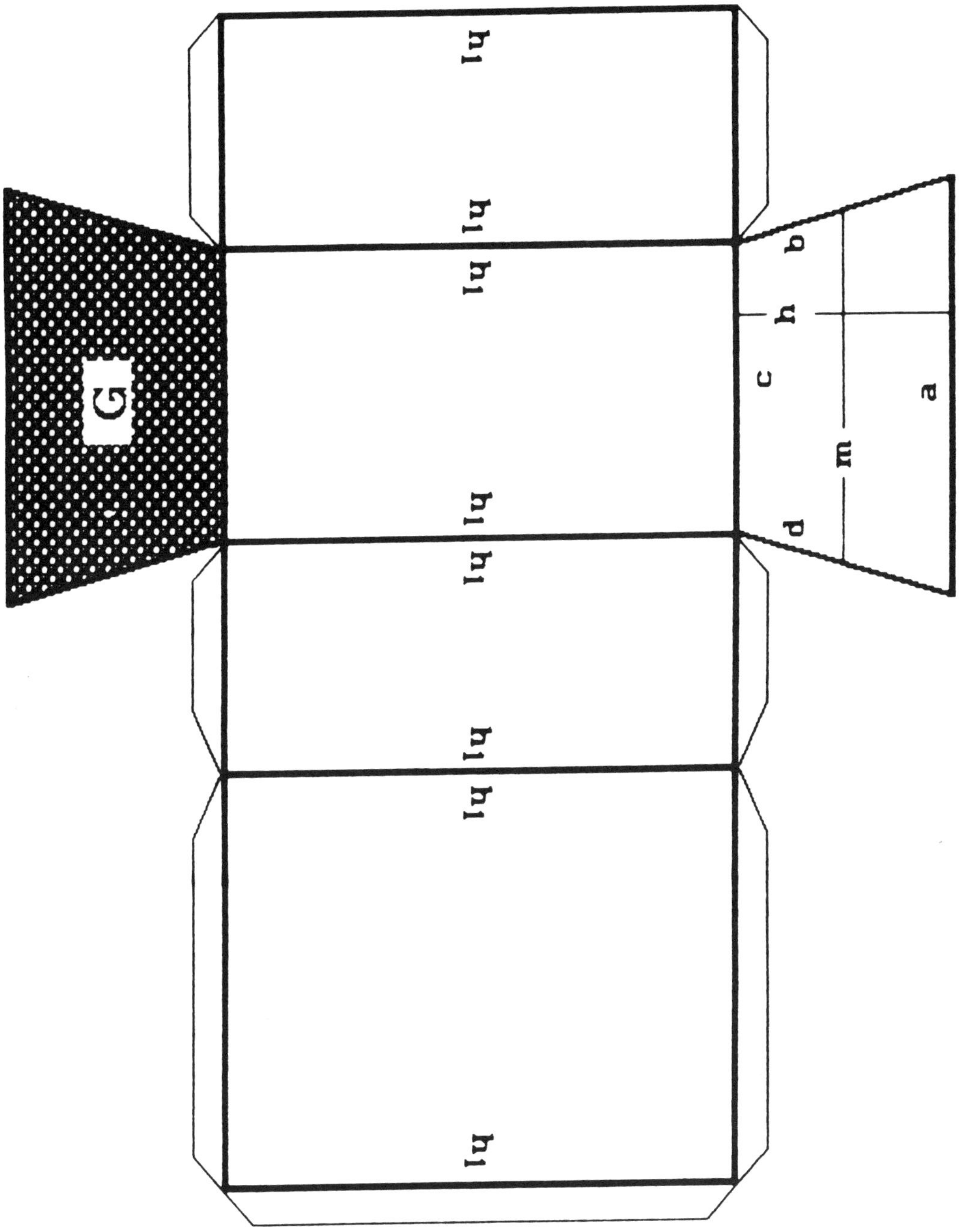

Sechsecksäule

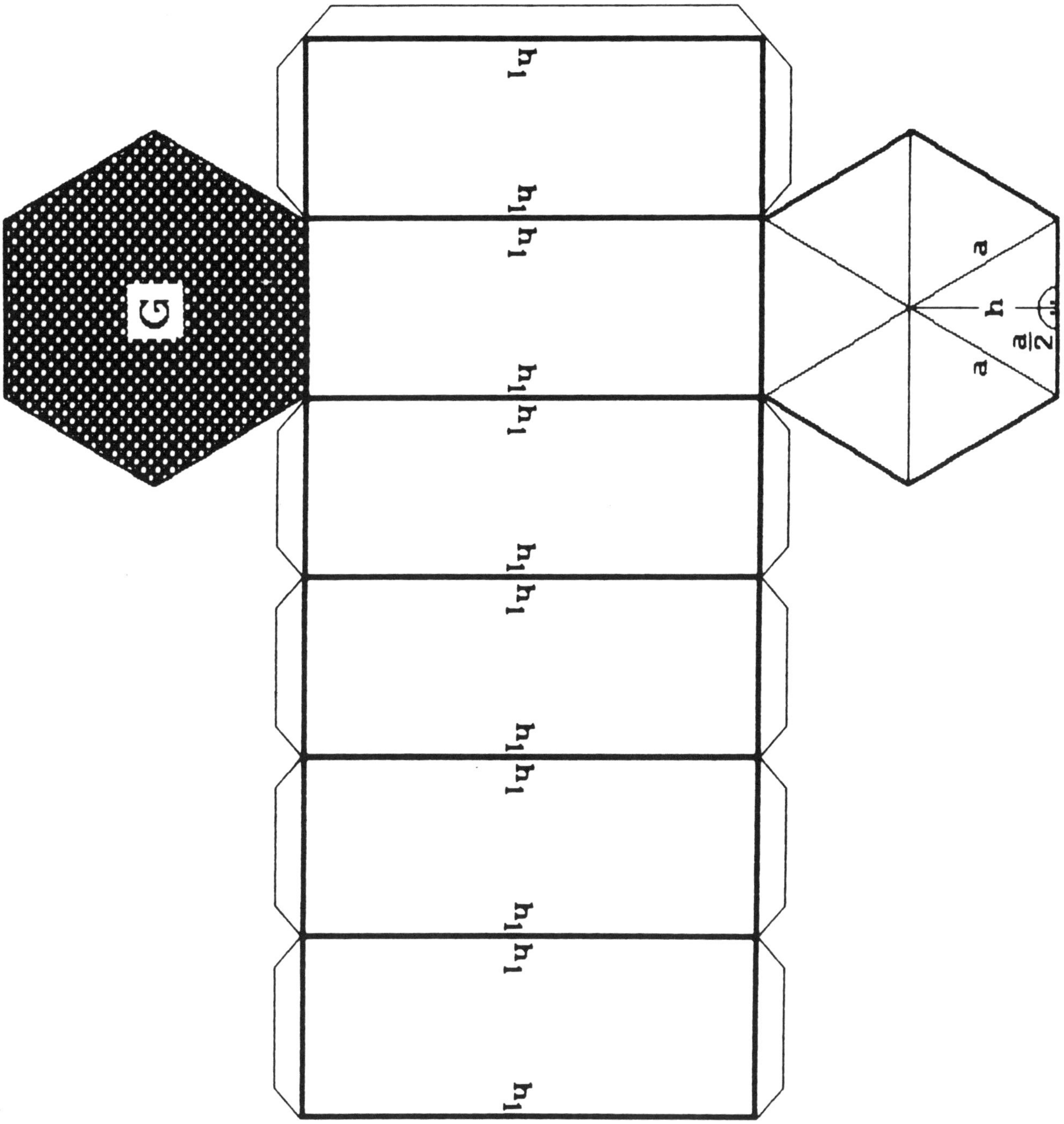

Zylinder

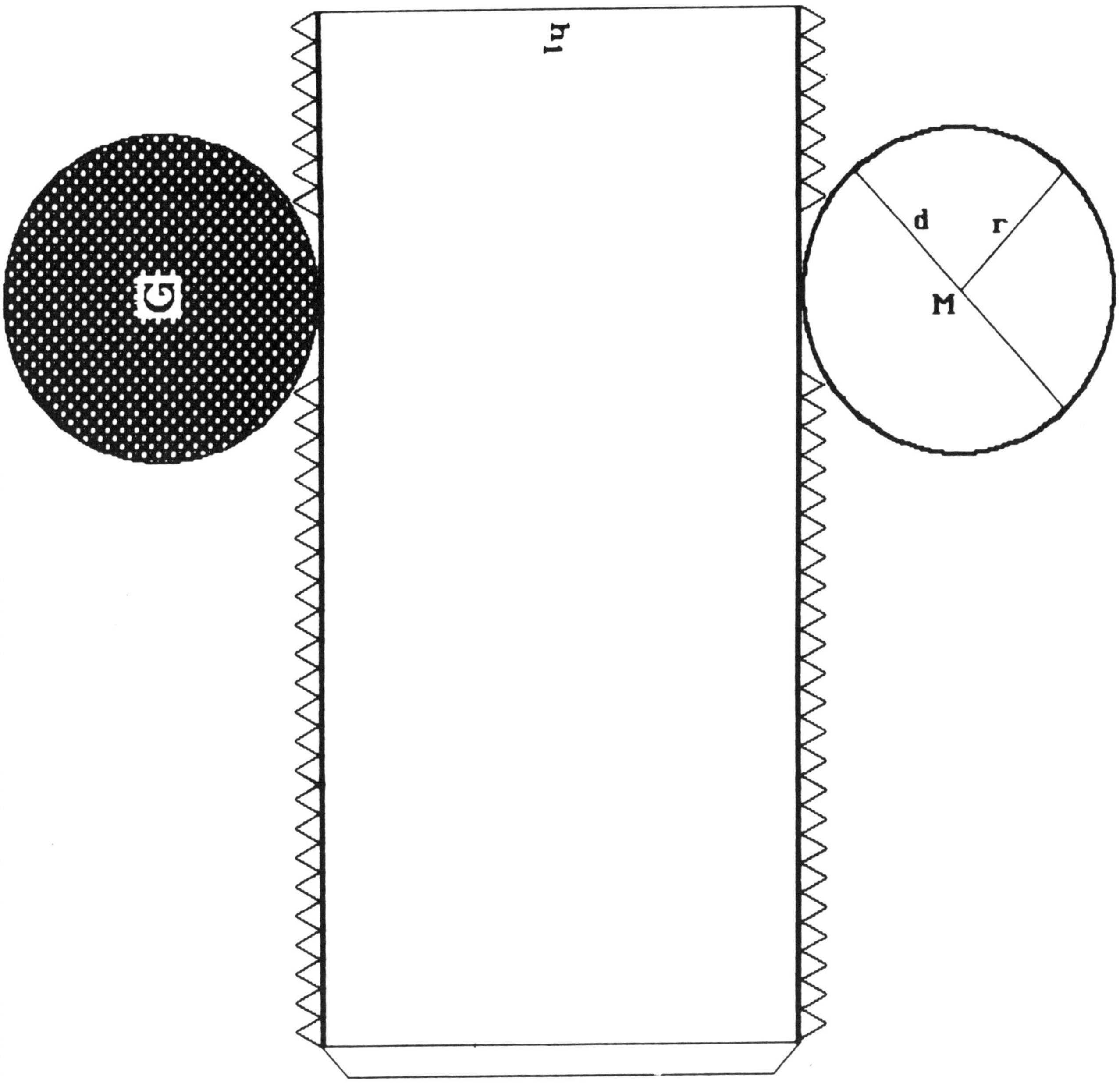

Bastelmodell 1

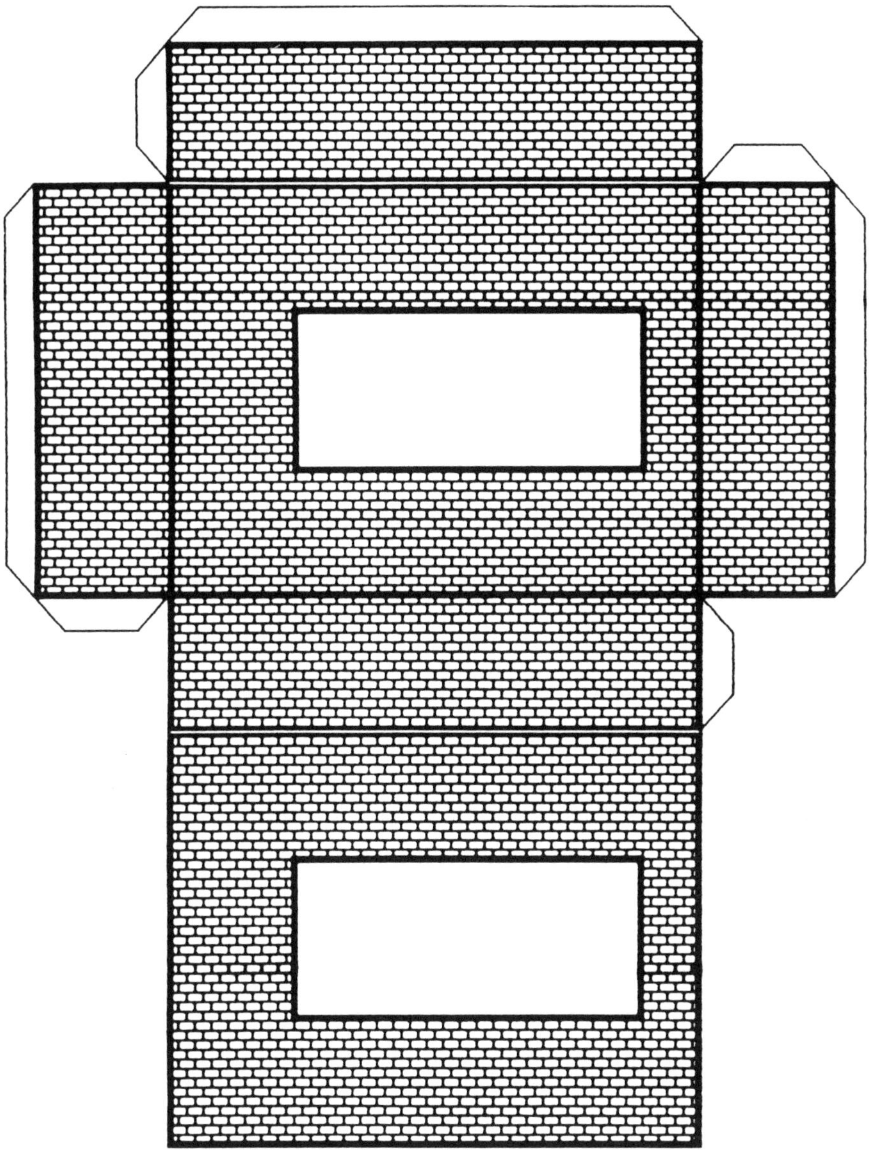

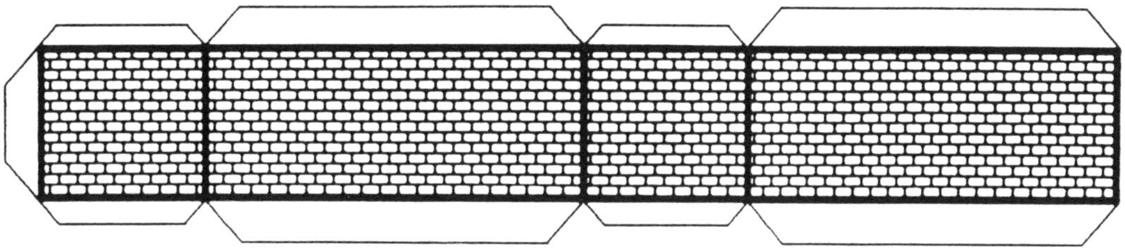

Bastelmodell 1

2 x kopieren

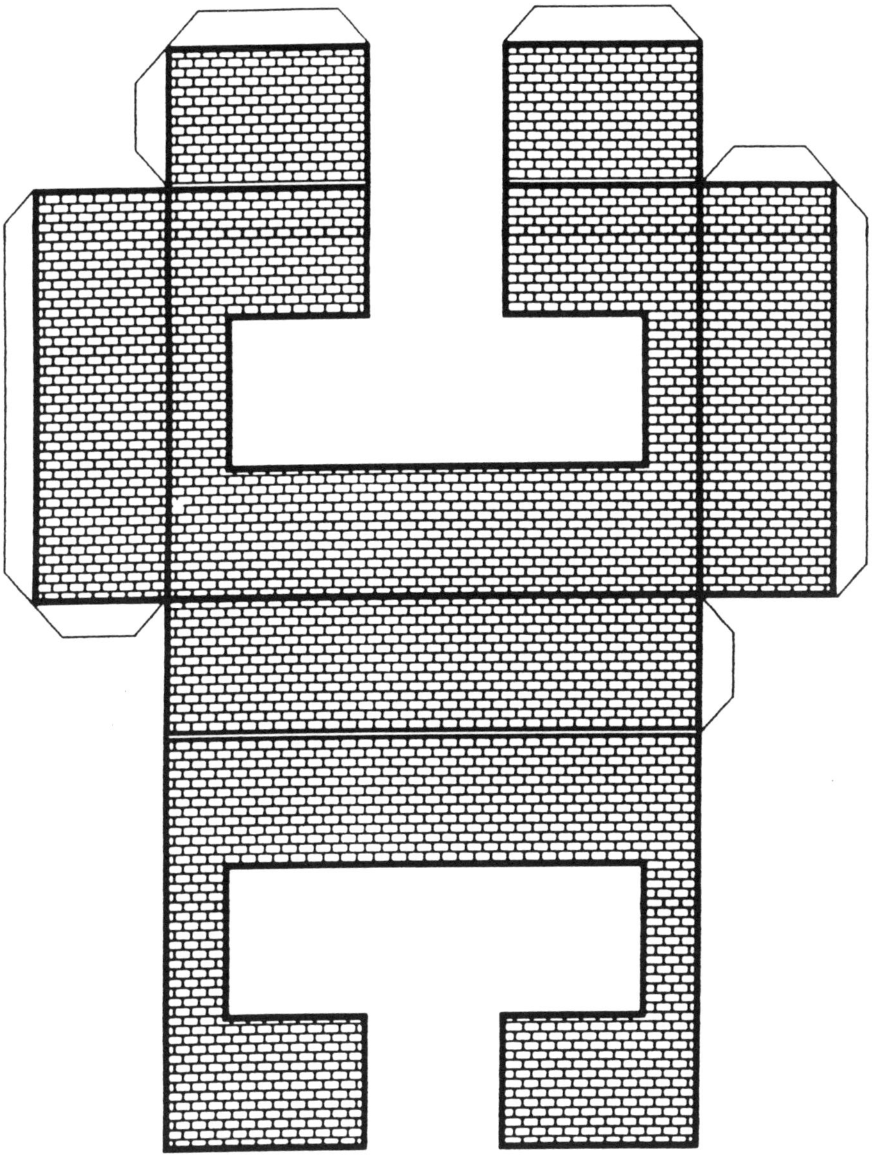

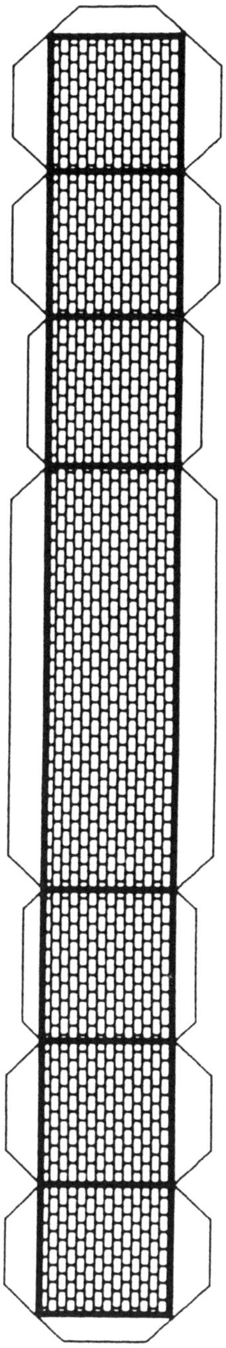

Volumen Pyramide

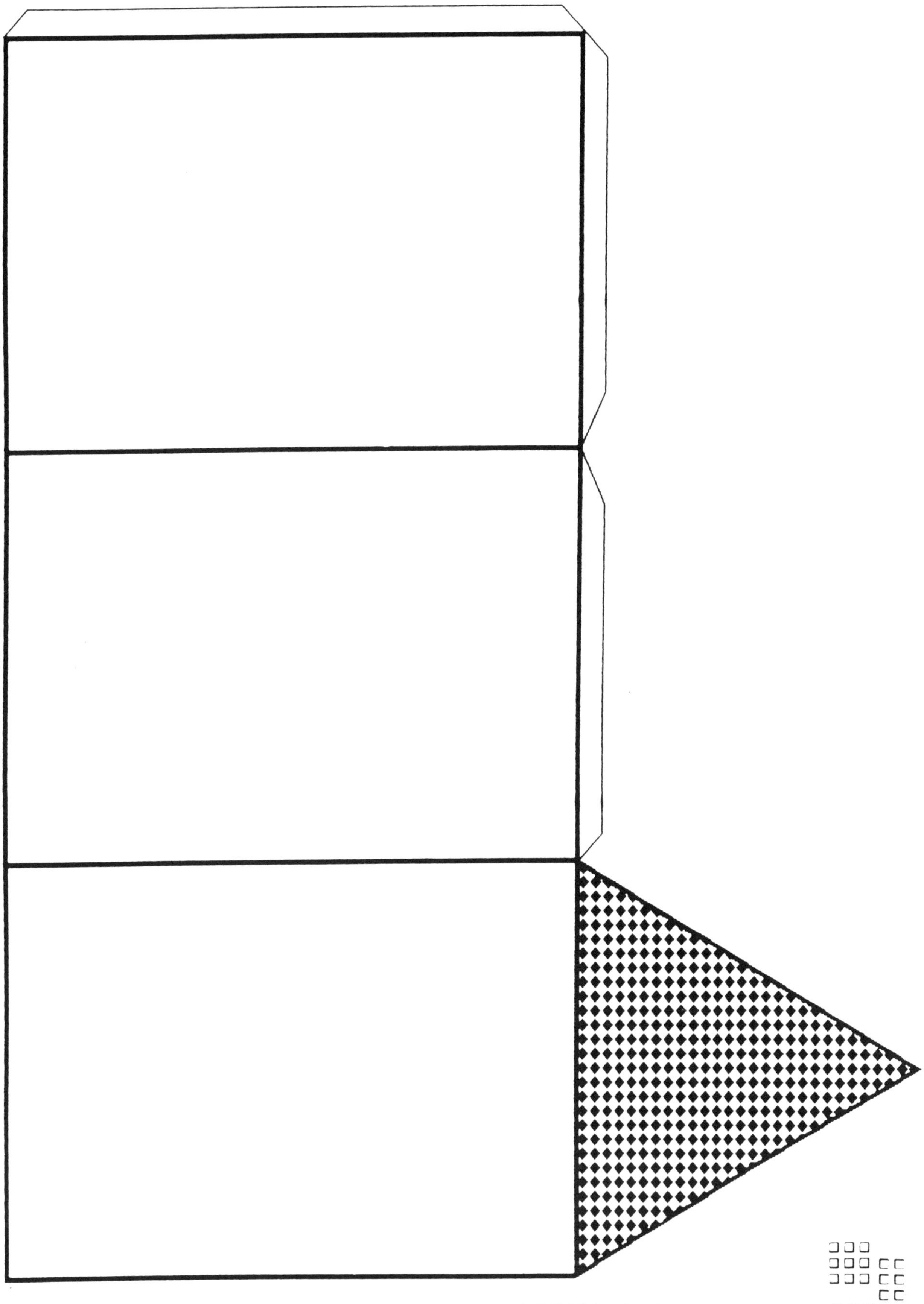

Volumen Pyramide

16/ 17

2 x kopieren

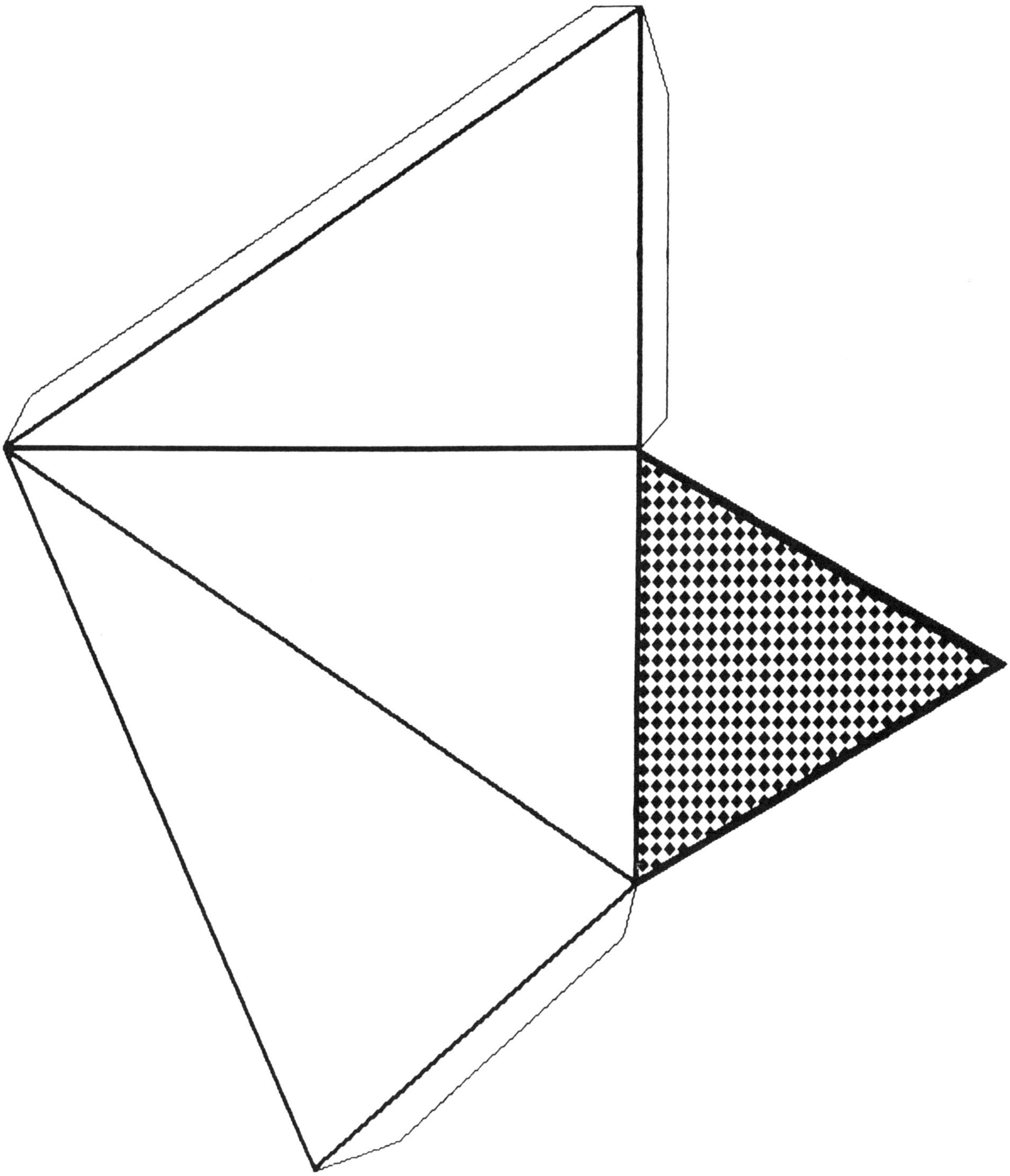

Volumen Pyramide

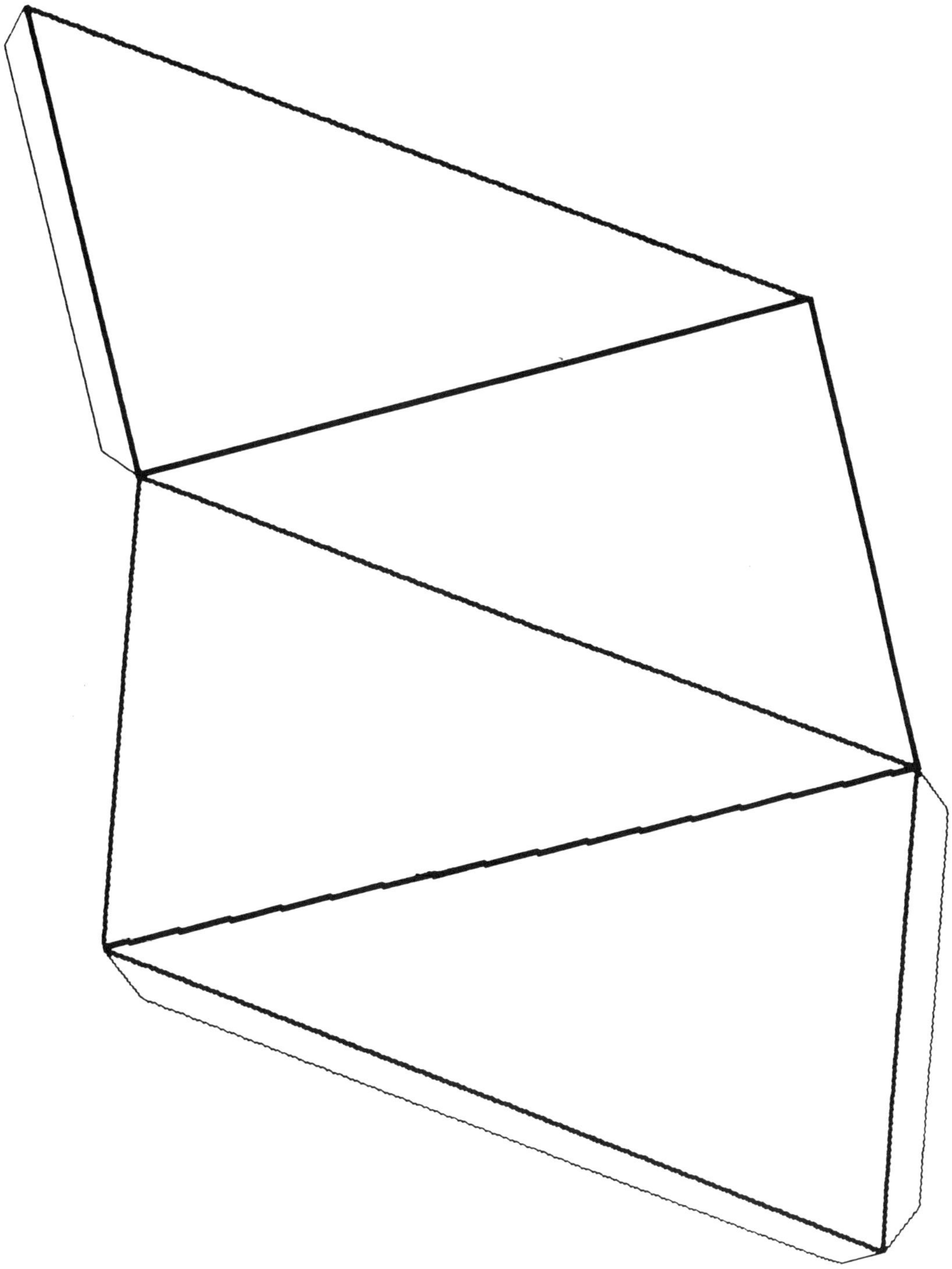

Pyramide
(quadratische Grundfläche)

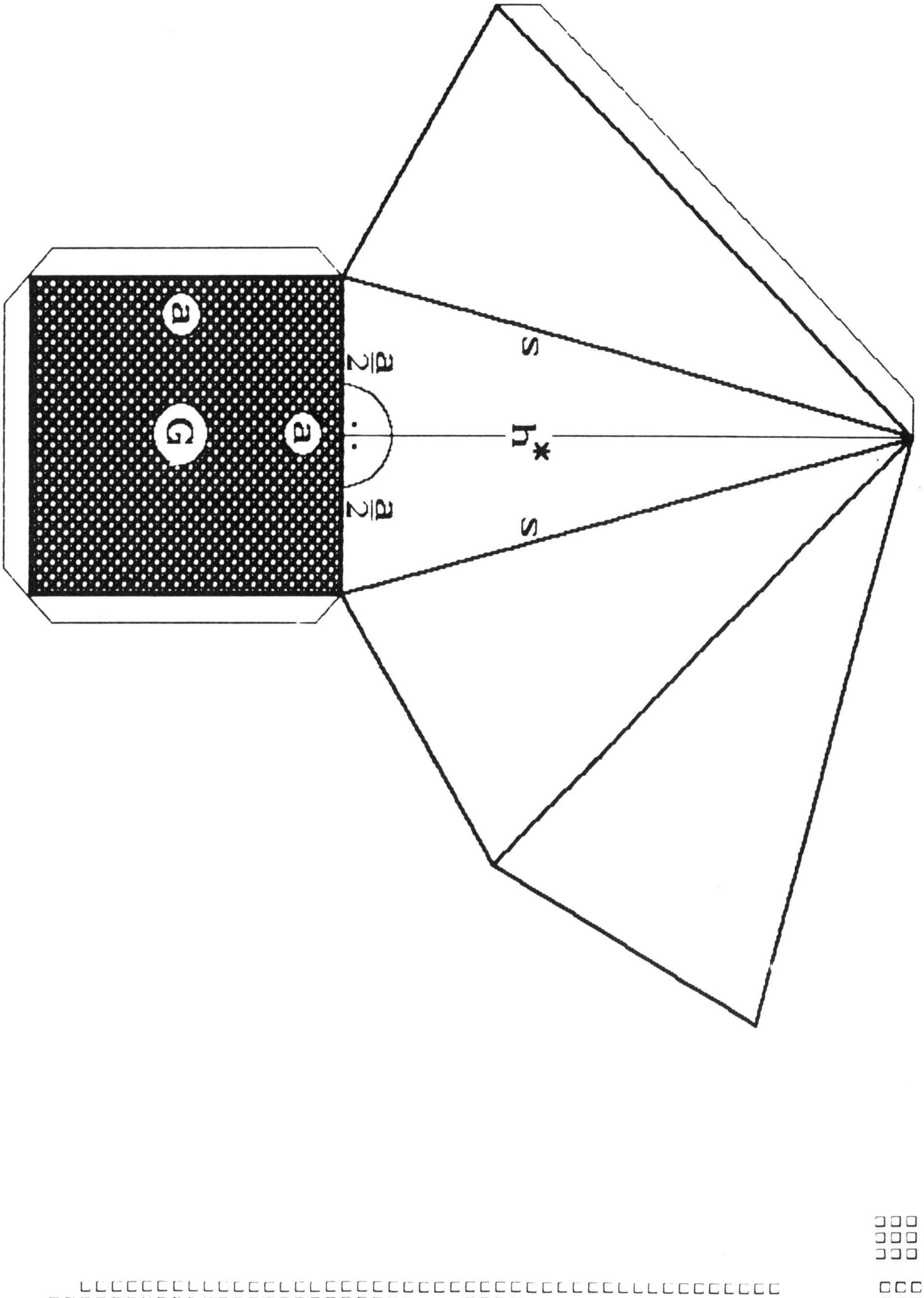

Pyramide
(Berechnung der Höhen h^* und h sowie Seitenkante s)

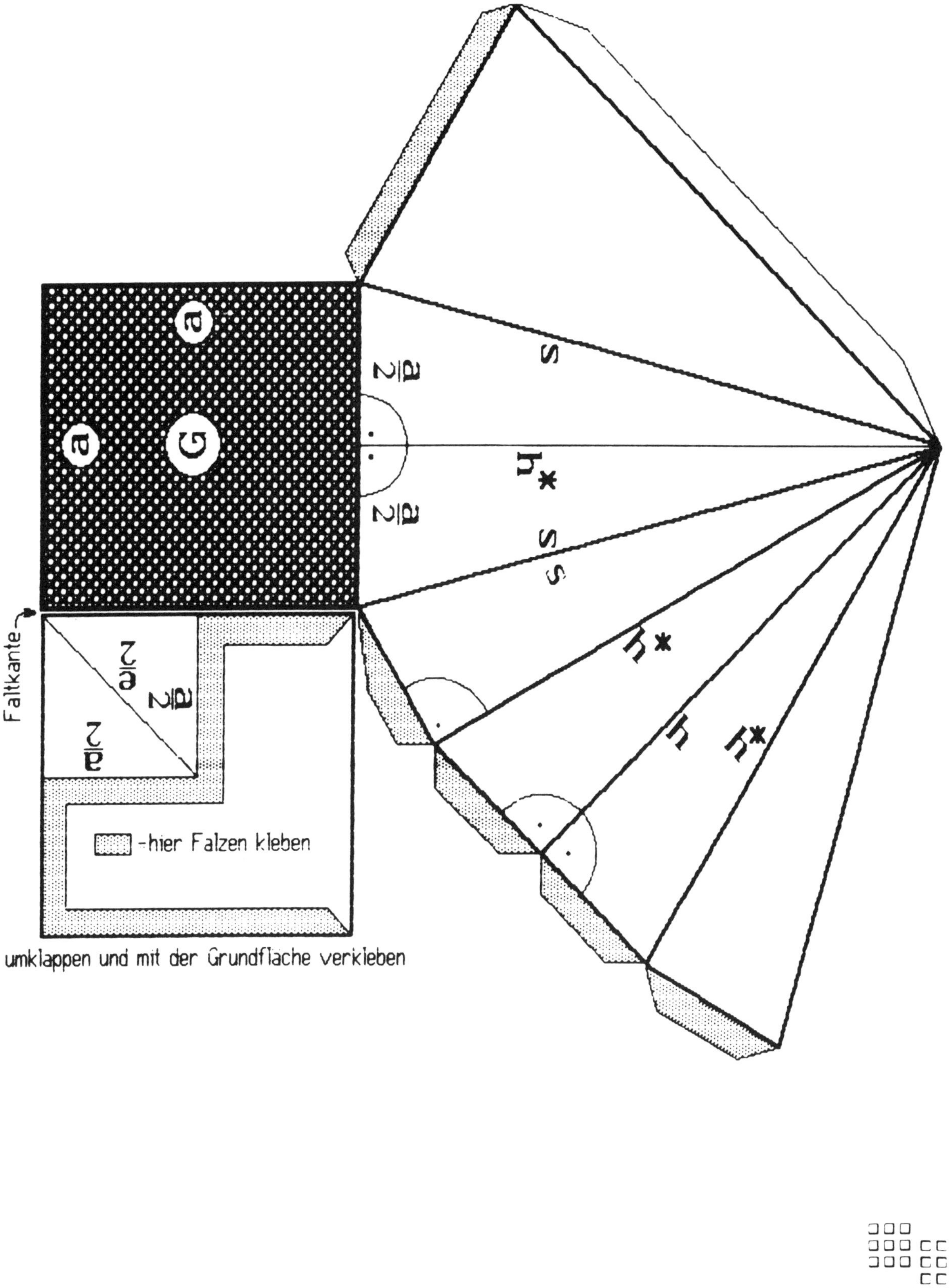

Pyramide
(rechteckige Grundfläche)

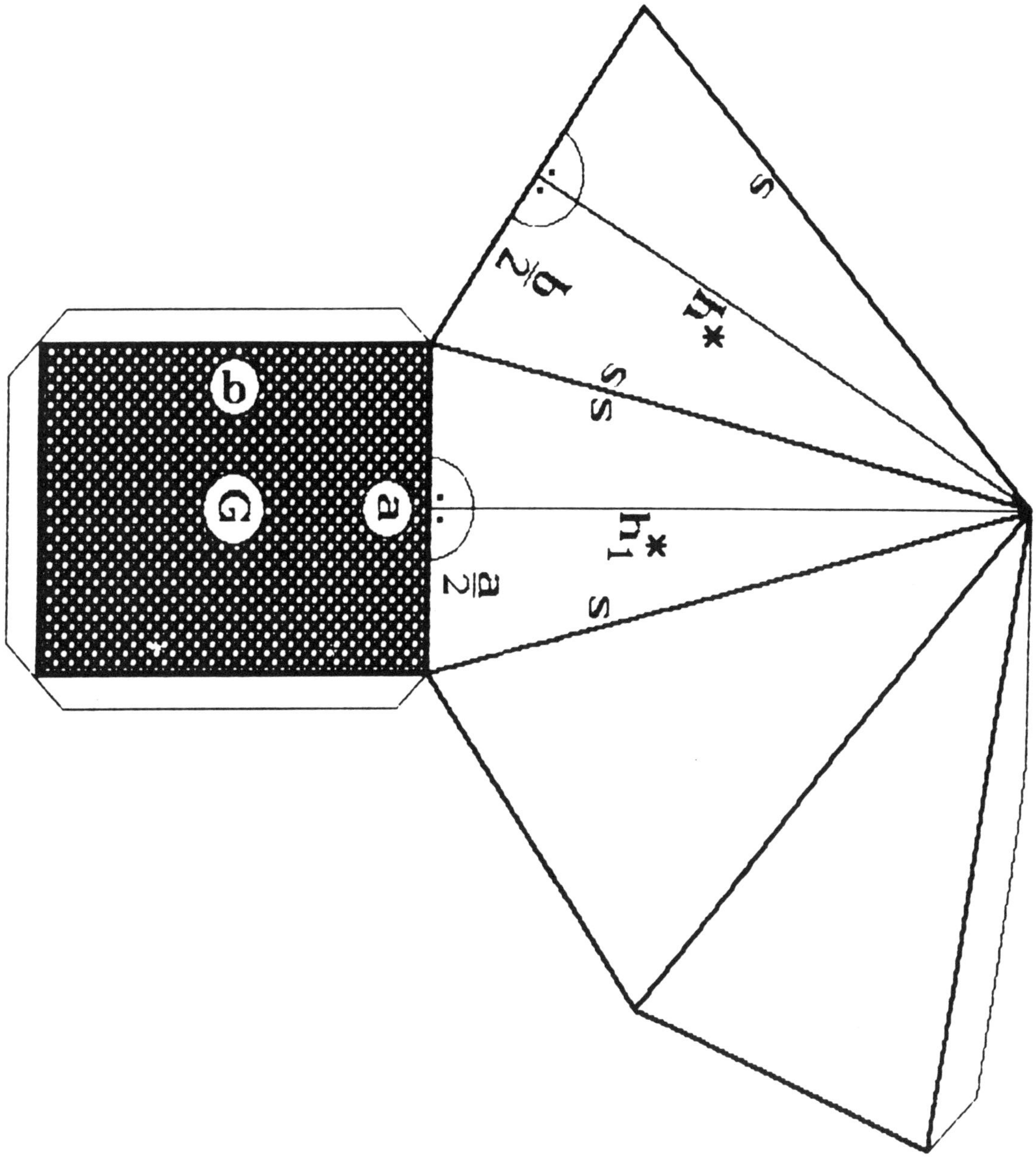

Pyramide
(sechseckige Grundfläche)

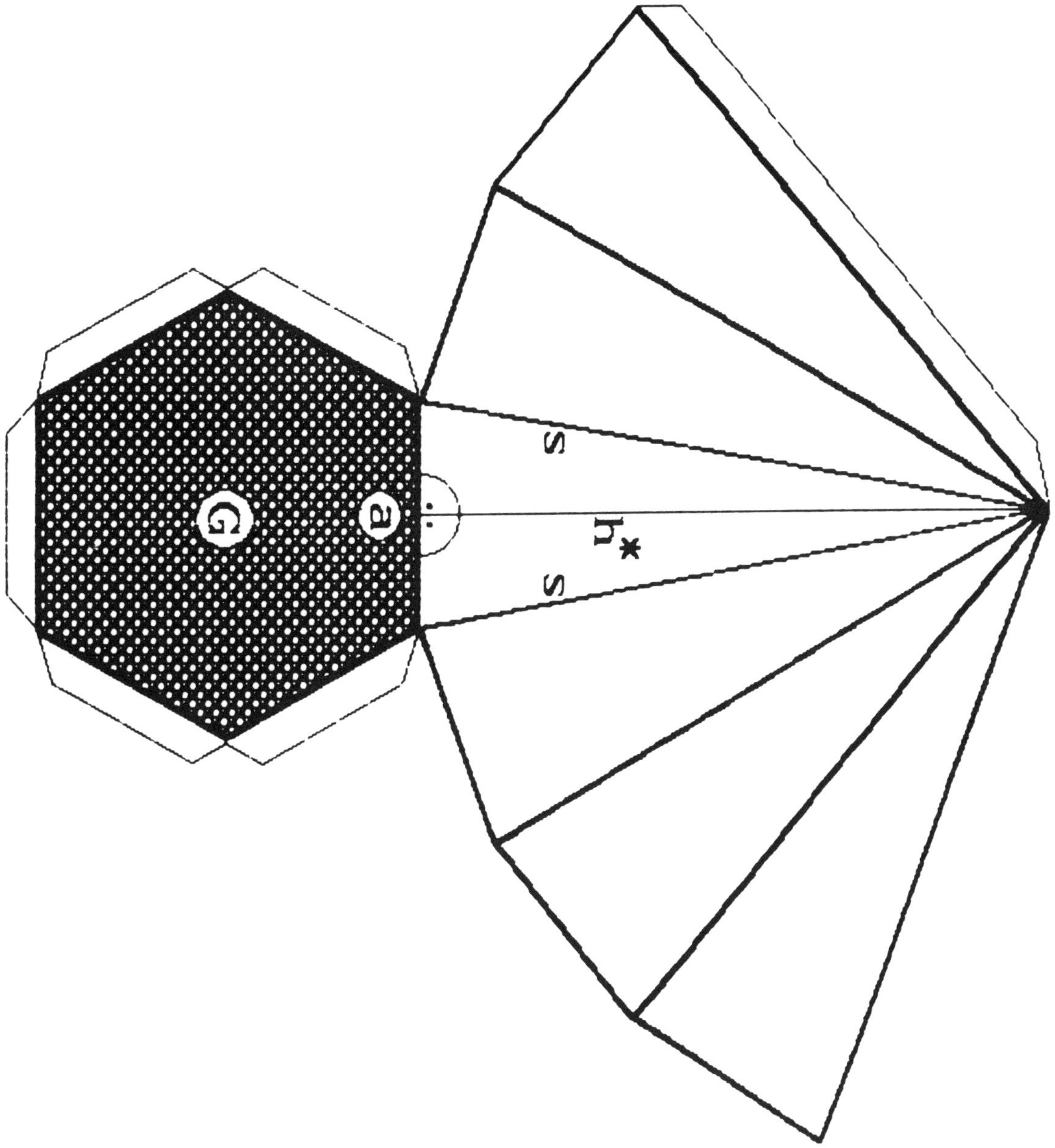

Tetraeder

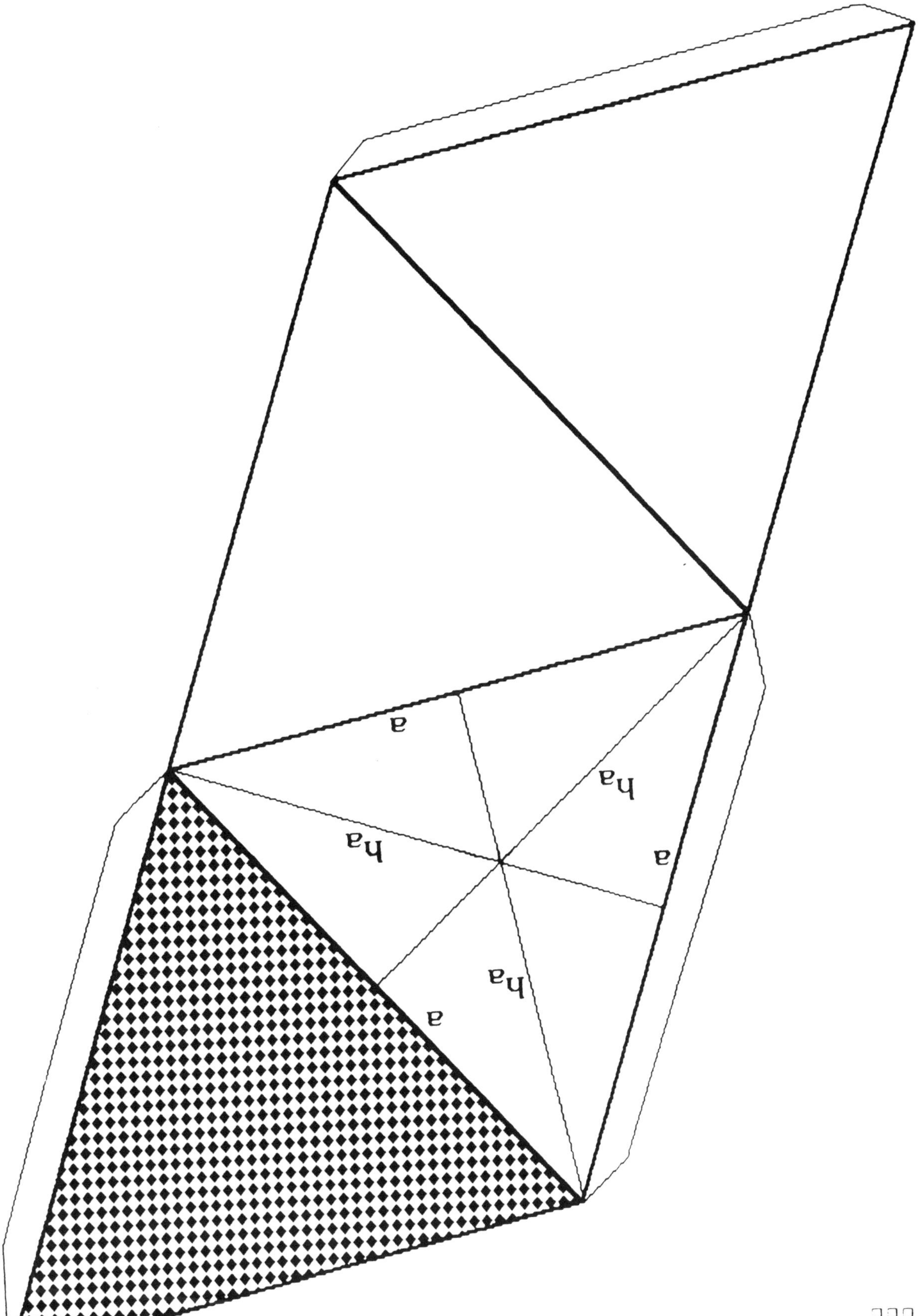

Kegel

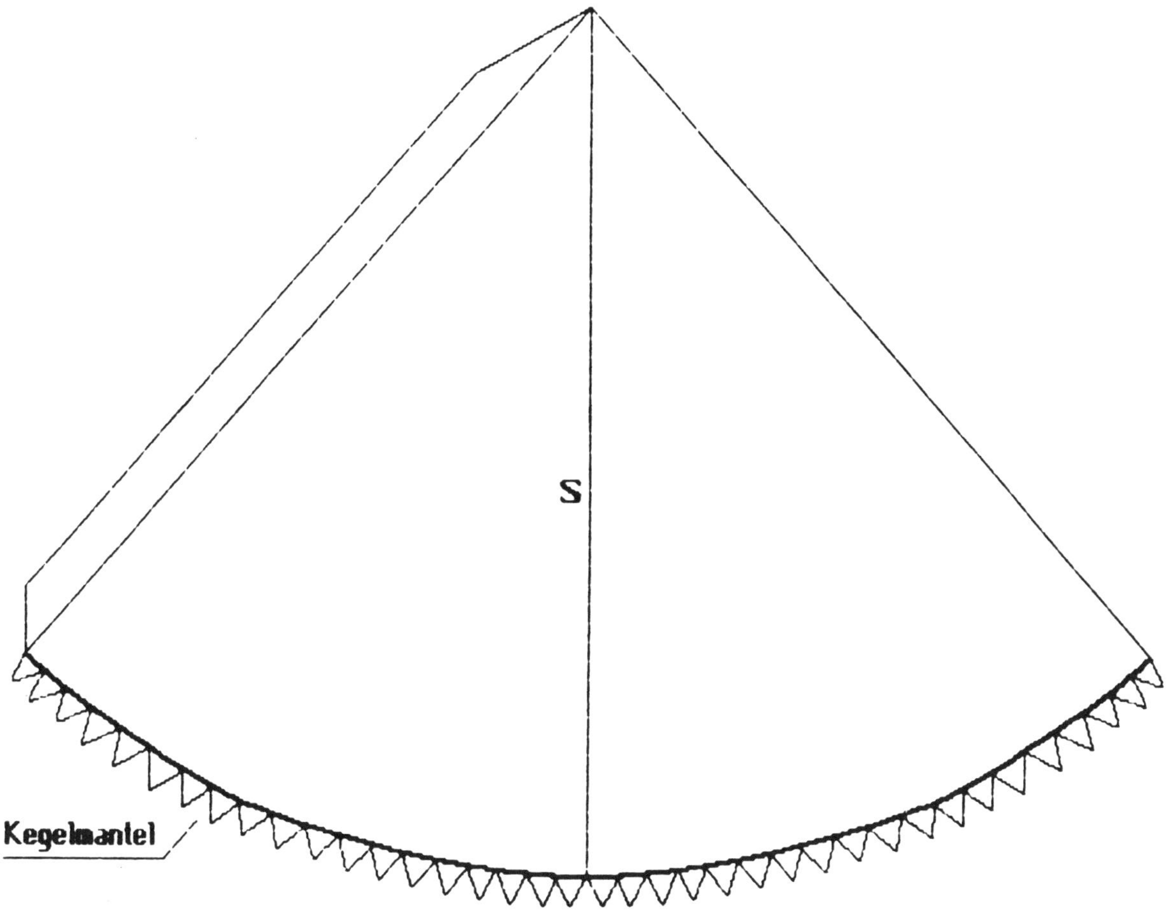

Um einen schön runden Kegel zu erhalten,
„biegt" man den Kegelmantel mit einem Bleistift vor

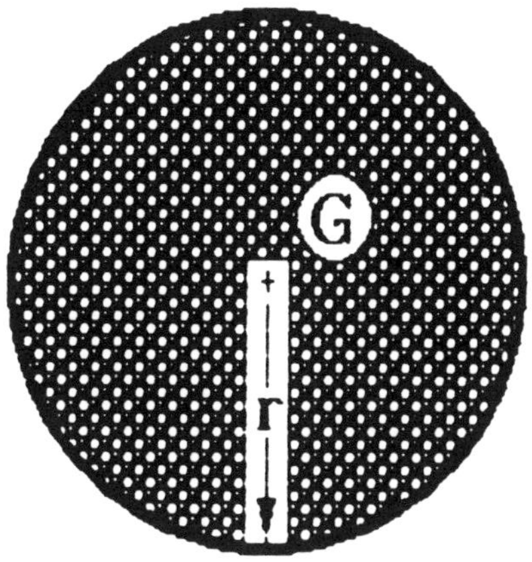

Kegel
(Berechnung der Höhe bzw. der Seitenkante)

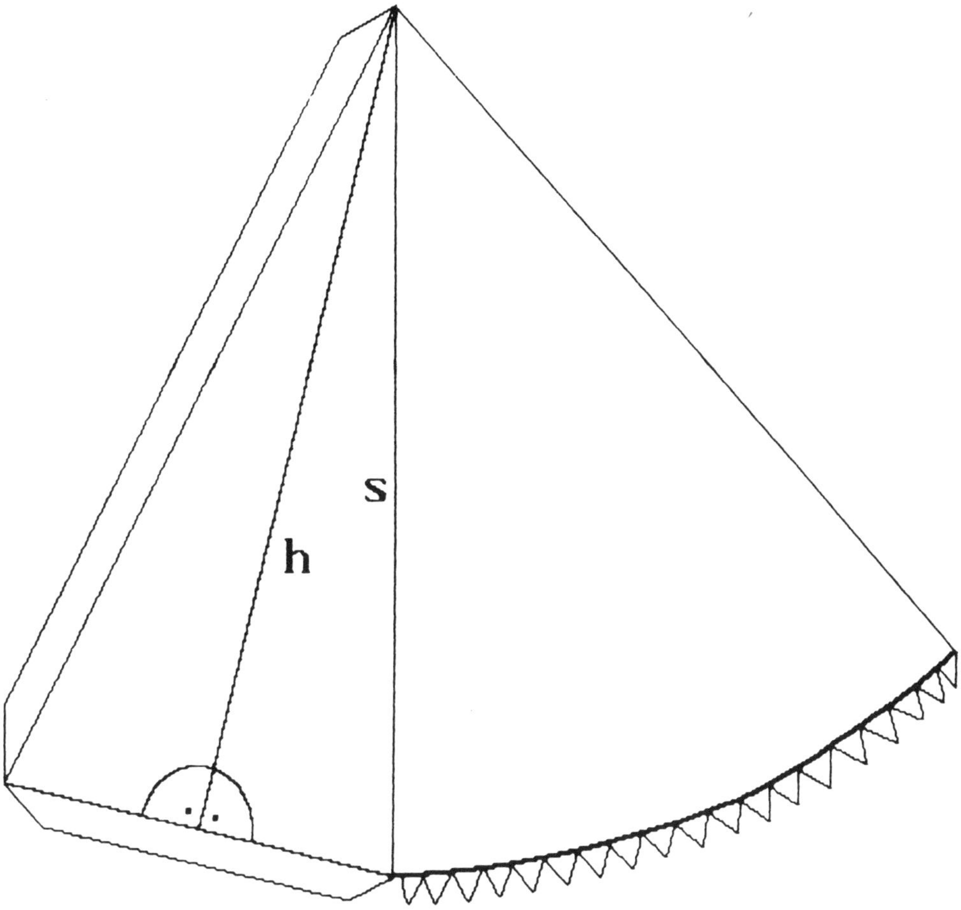

= hier aufkleben

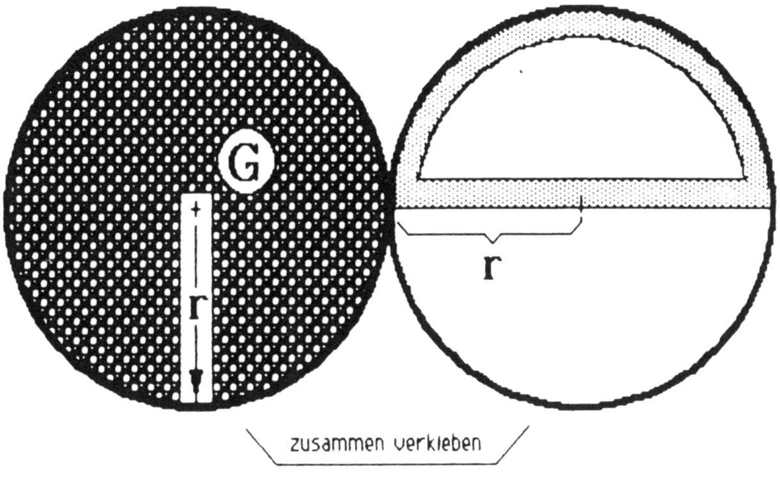

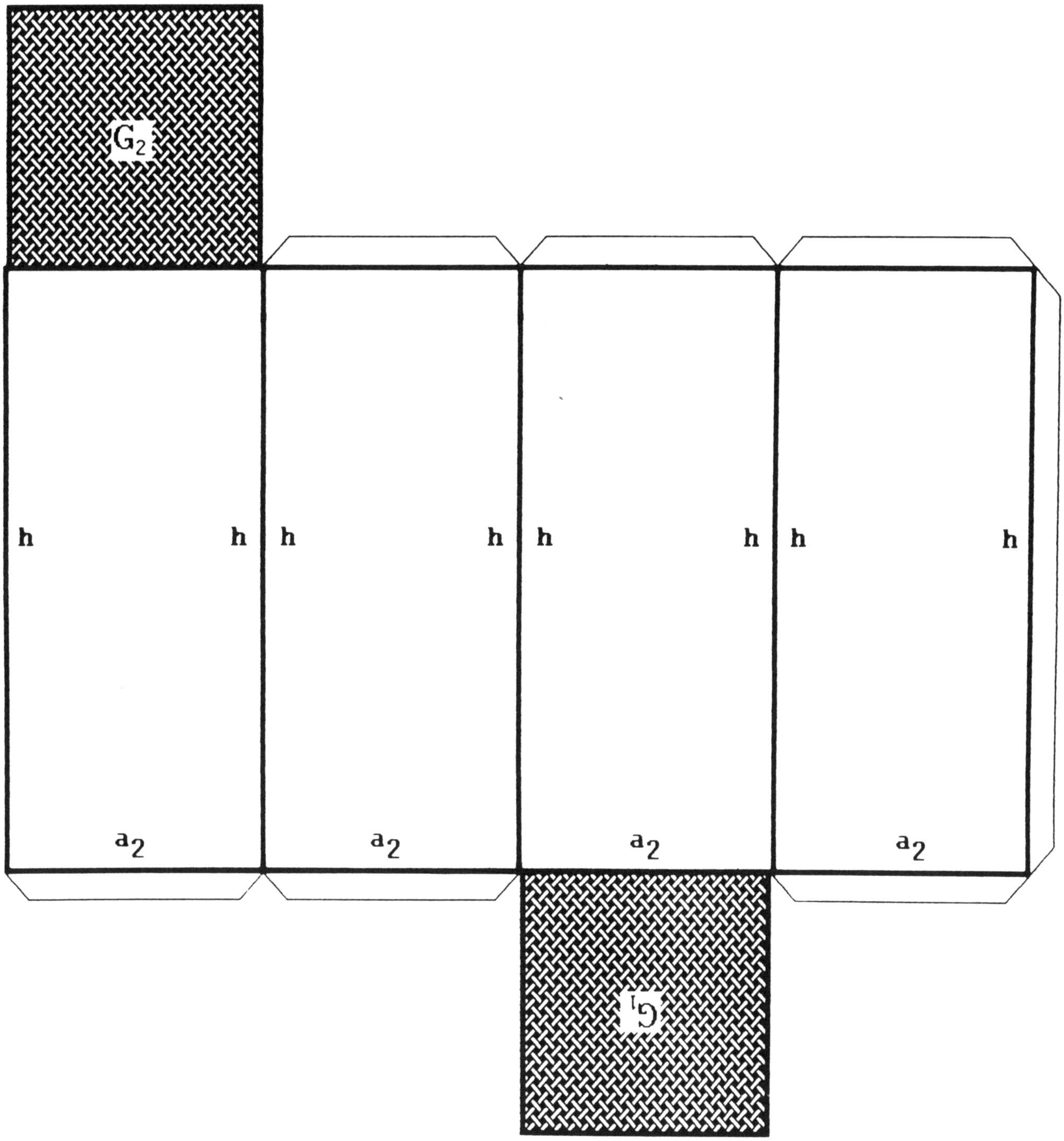
G2
h h h h h h h h
a2 a2 a2 a2
G1

4 x kopieren

27/28/29/30

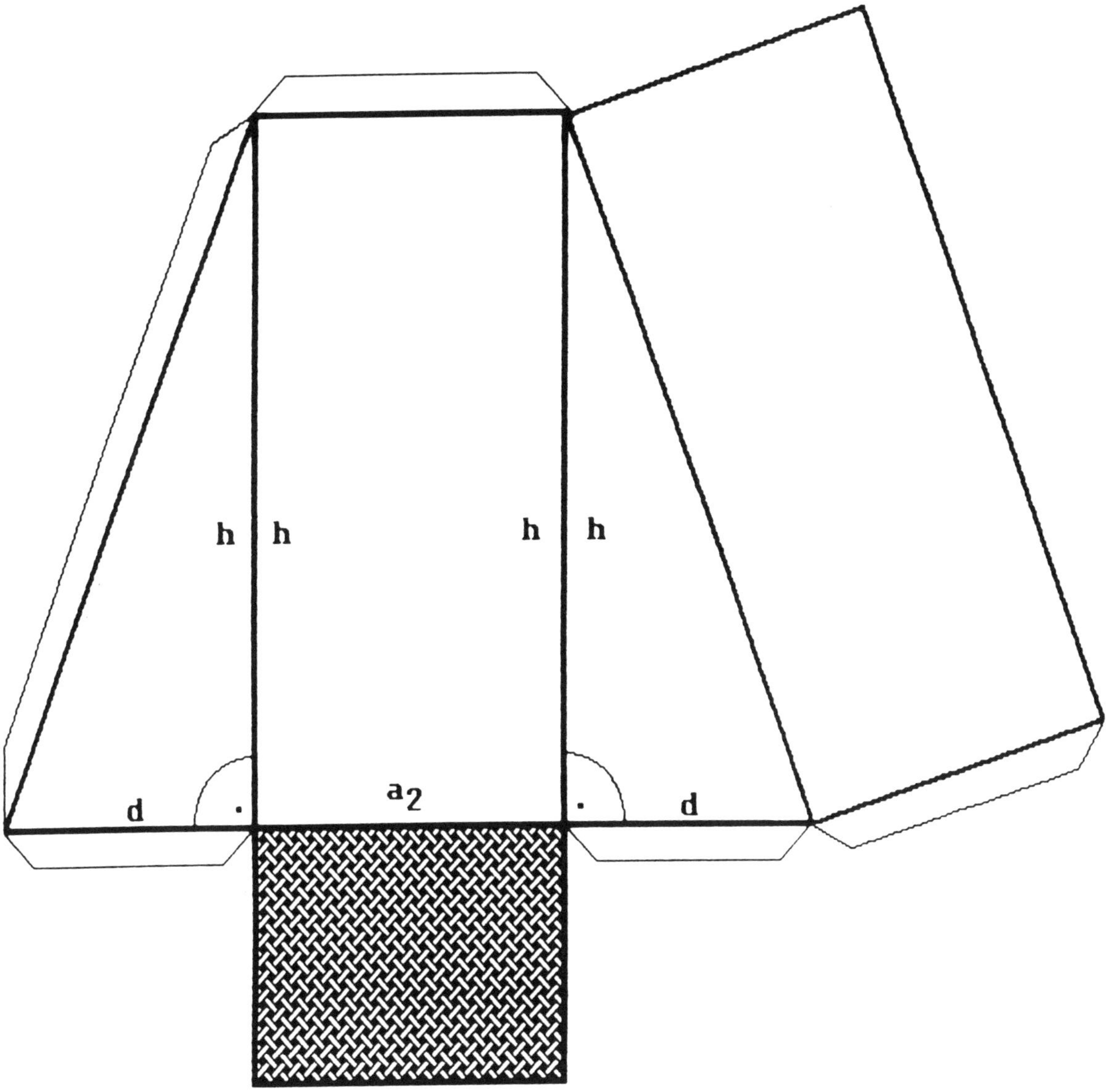

2 x kopieren

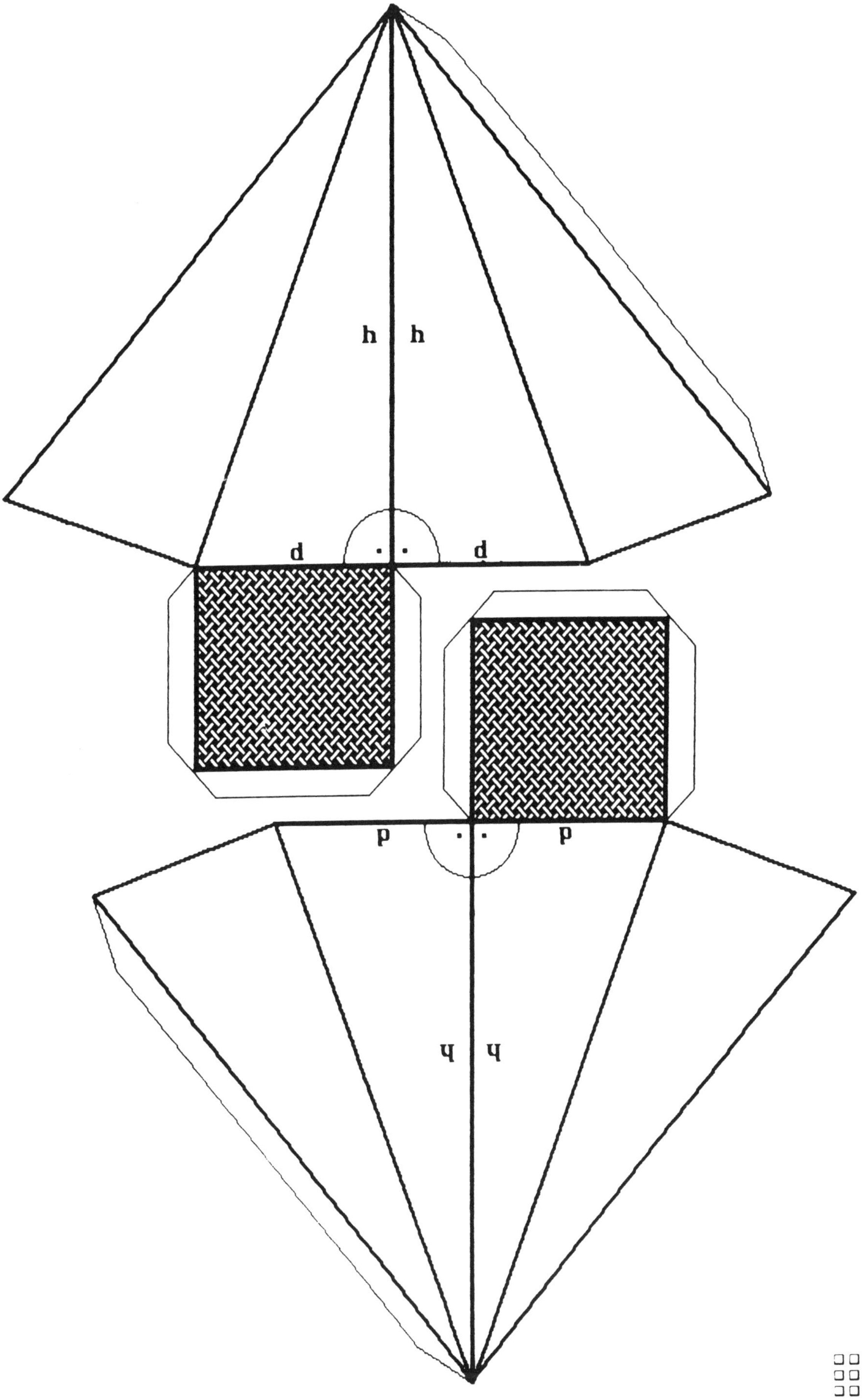

Pyramidenstumpf
(quadratische Grund- und Deckfläche)

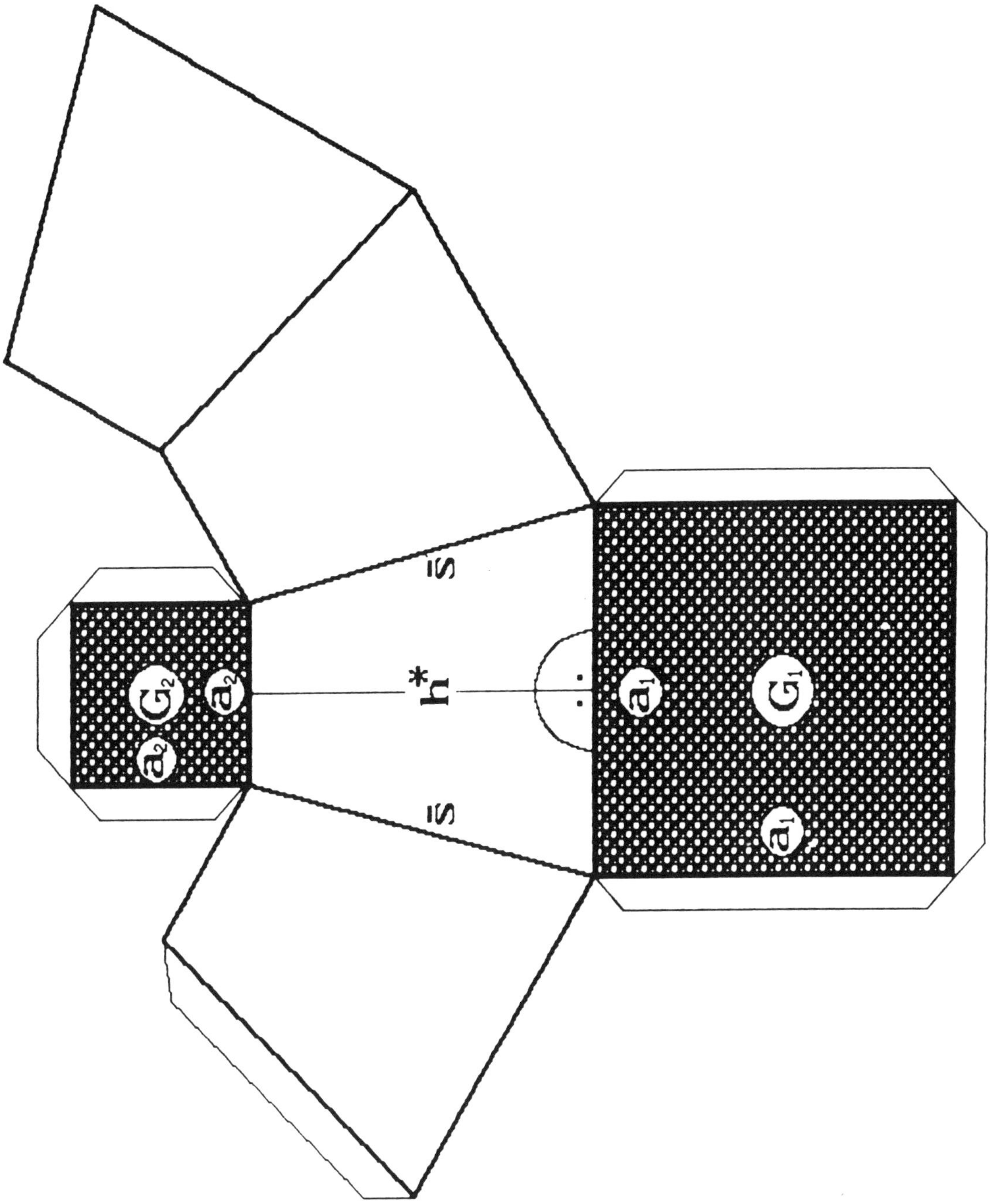

Kegelstumpf

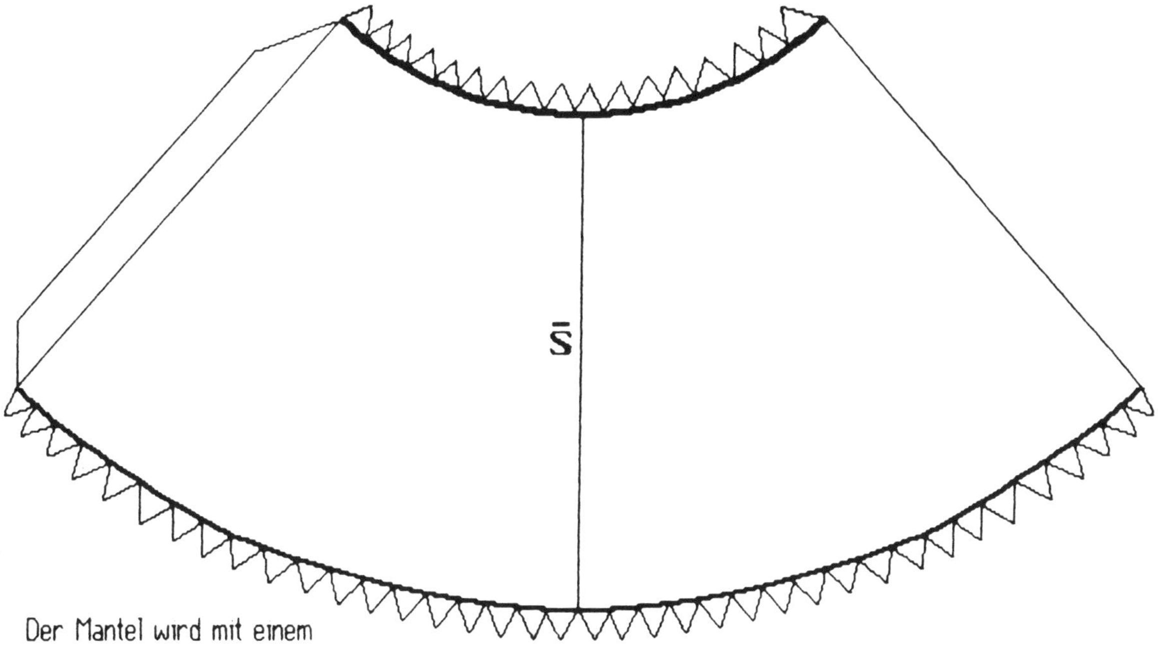

Der Mantel wird mit einem
Bleistift vorgebogen.

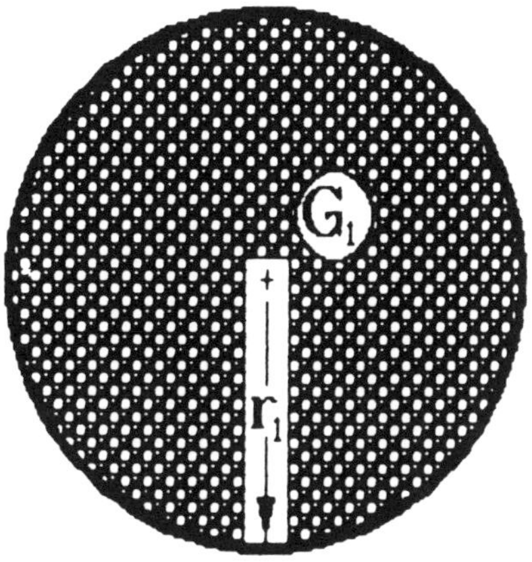

Oktaeder

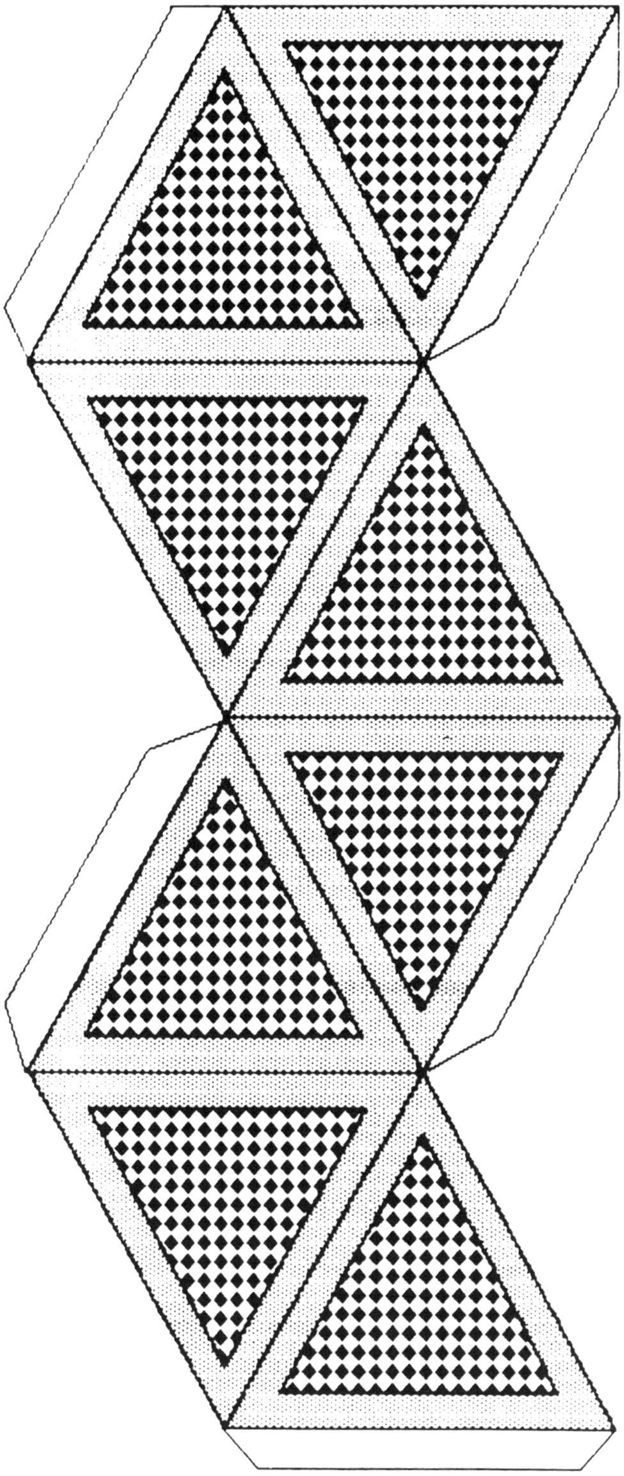

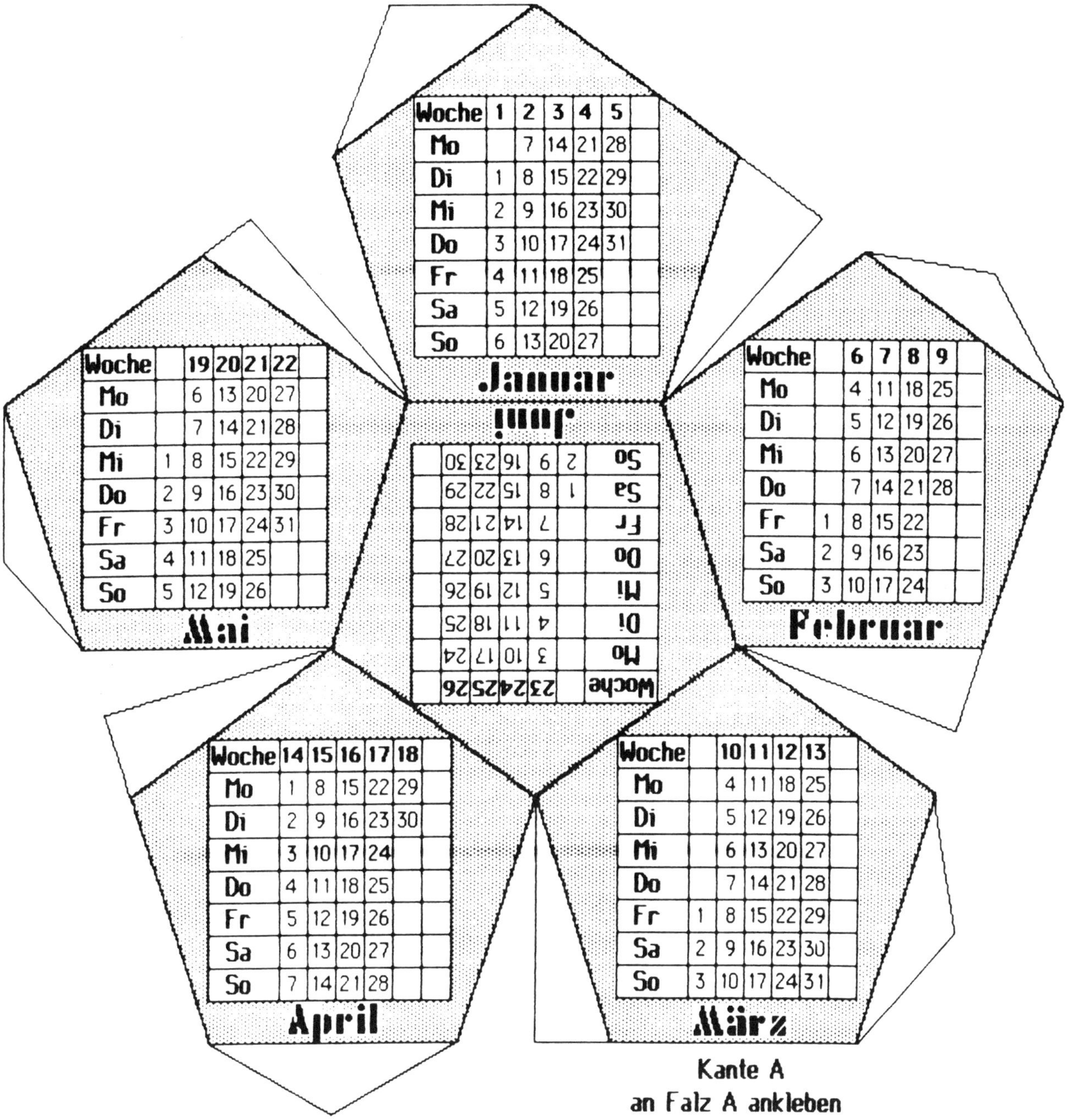

Januar

Woche	1	2	3	4	5	
Mo		7	14	21	28	
Di	1	8	15	22	29	
Mi	2	9	16	23	30	
Do	3	10	17	24	31	
Fr	4	11	18	25		
Sa	5	12	19	26		
So	6	13	20	27		

Februar

Woche		6	7	8	9	
Mo		4	11	18	25	
Di		5	12	19	26	
Mi		6	13	20	27	
Do		7	14	21	28	
Fr	1	8	15	22		
Sa	2	9	16	23		
So	3	10	17	24		

März

Woche		10	11	12	13	
Mo		4	11	18	25	
Di		5	12	19	26	
Mi		6	13	20	27	
Do		7	14	21	28	
Fr	1	8	15	22	29	
Sa	2	9	16	23	30	
So	3	10	17	24	31	

April

Woche	14	15	16	17	18	
Mo	1	8	15	22	29	
Di	2	9	16	23	30	
Mi	3	10	17	24		
Do	4	11	18	25		
Fr	5	12	19	26		
Sa	6	13	20	27		
So	7	14	21	28		

Mai

Woche		19	20	21	22	
Mo		6	13	20	27	
Di		7	14	21	28	
Mi	1	8	15	22	29	
Do	2	9	16	23	30	
Fr	3	10	17	24	31	
Sa	4	11	18	25		
So	5	12	19	26		

Juni

Woche		23	24	25	26	
Mo		3	10	17	24	
Di		4	11	18	25	
Mi		5	12	19	26	
Do		6	13	20	27	
Fr		7	14	21	28	
Sa	1	8	15	22	29	
So	2	9	16	23	30	

Kante A
an Falz A ankleben

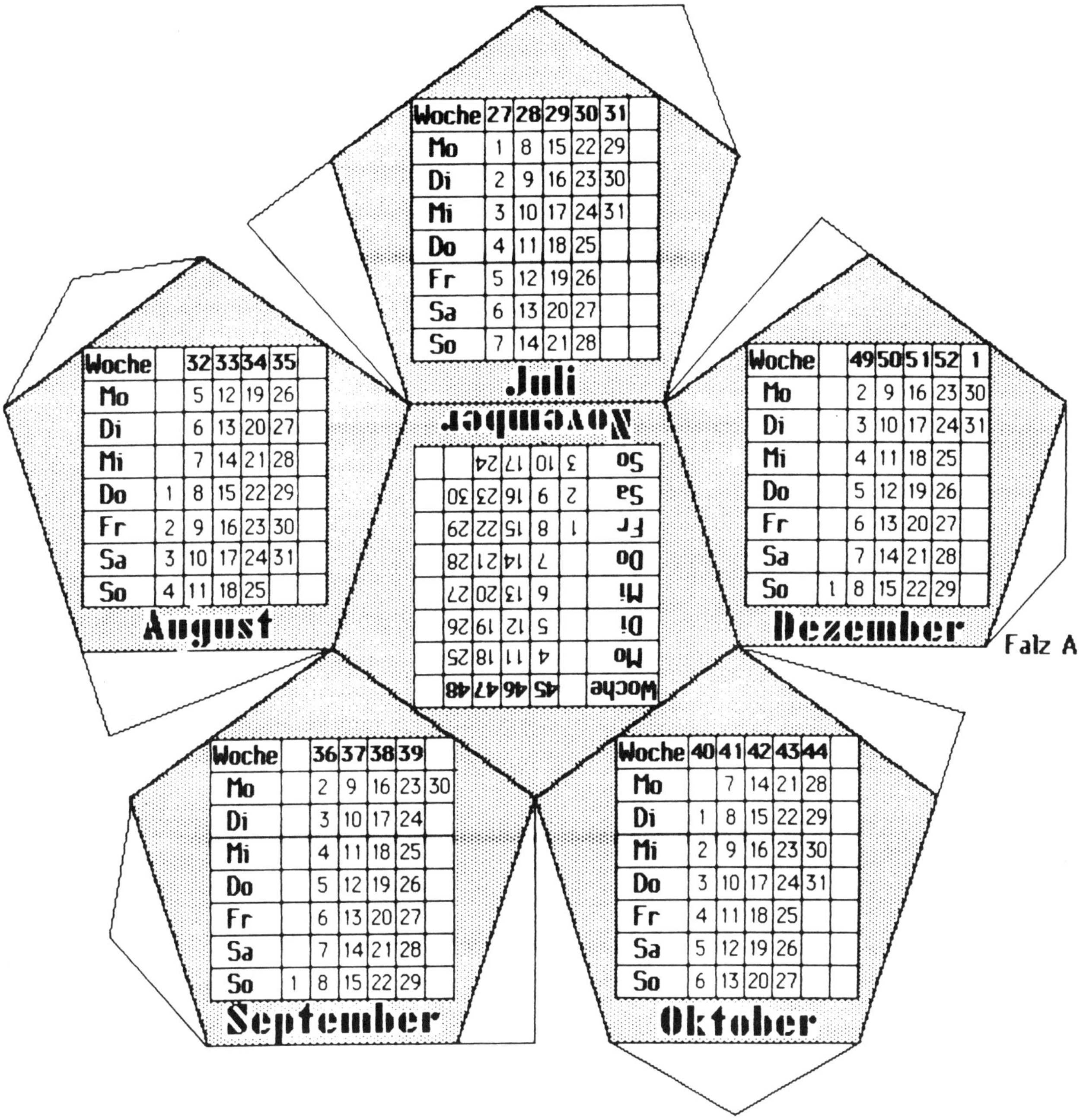

Juli

Woche	27	28	29	30	31	
Mo	1	8	15	22	29	
Di	2	9	16	23	30	
Mi	3	10	17	24	31	
Do	4	11	18	25		
Fr	5	12	19	26		
Sa	6	13	20	27		
So	7	14	21	28		

August

Woche		32	33	34	35	
Mo		5	12	19	26	
Di		6	13	20	27	
Mi		7	14	21	28	
Do	1	8	15	22	29	
Fr	2	9	16	23	30	
Sa	3	10	17	24	31	
So	4	11	18	25		

November

Woche		45	46	47	48	
Mo		4	11	18	25	
Di		5	12	19	26	
Mi		6	13	20	27	
Do		7	14	21	28	
Fr	1	8	15	22	29	
Sa	2	9	16	23	30	
So	3	10	17	24		

Dezember

Woche		49	50	51	52	1
Mo		2	9	16	23	30
Di		3	10	17	24	31
Mi		4	11	18	25	
Do		5	12	19	26	
Fr		6	13	20	27	
Sa		7	14	21	28	
So	1	8	15	22	29	

September

Woche		36	37	38	39	
Mo		2	9	16	23	30
Di		3	10	17	24	
Mi		4	11	18	25	
Do		5	12	19	26	
Fr		6	13	20	27	
Sa		7	14	21	28	
So	1	8	15	22	29	

Oktober

Woche	40	41	42	43	44	
Mo		7	14	21	28	
Di	1	8	15	22	29	
Mi	2	9	16	23	30	
Do	3	10	17	24	31	
Fr	4	11	18	25		
Sa	5	12	19	26		
So	6	13	20	27		

Ikosaeder

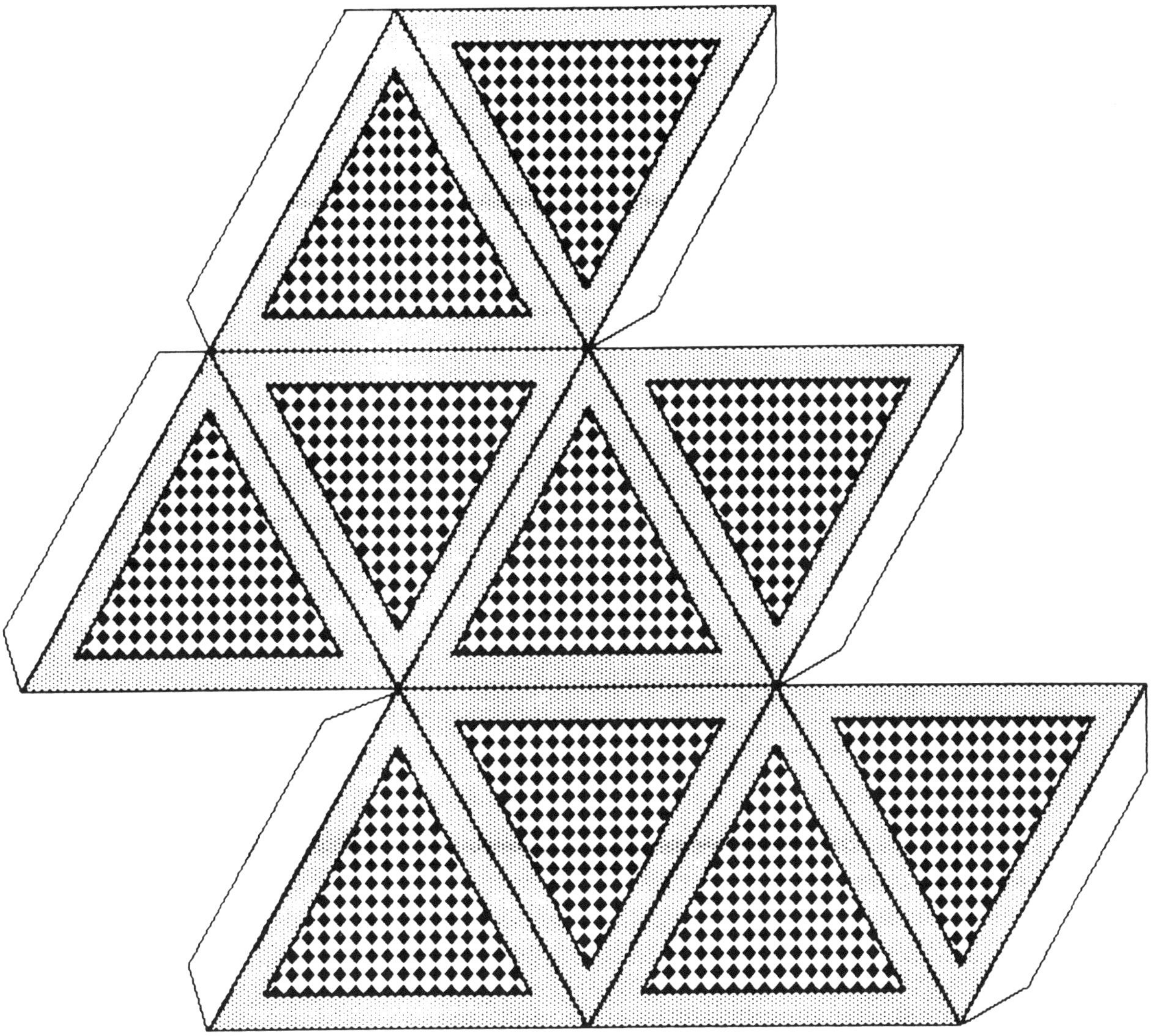

Ikosaeder

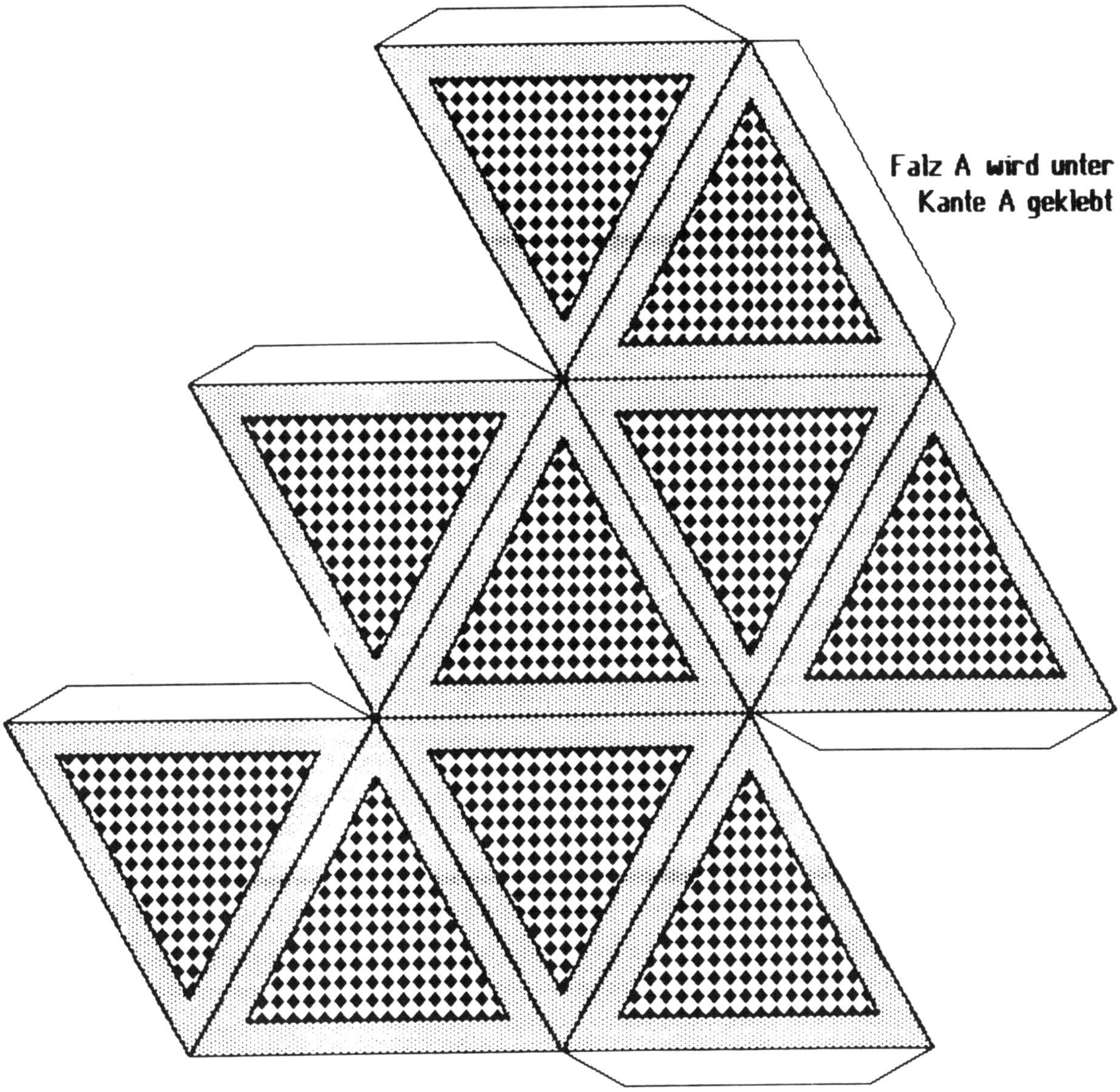

Bastelmodell 2

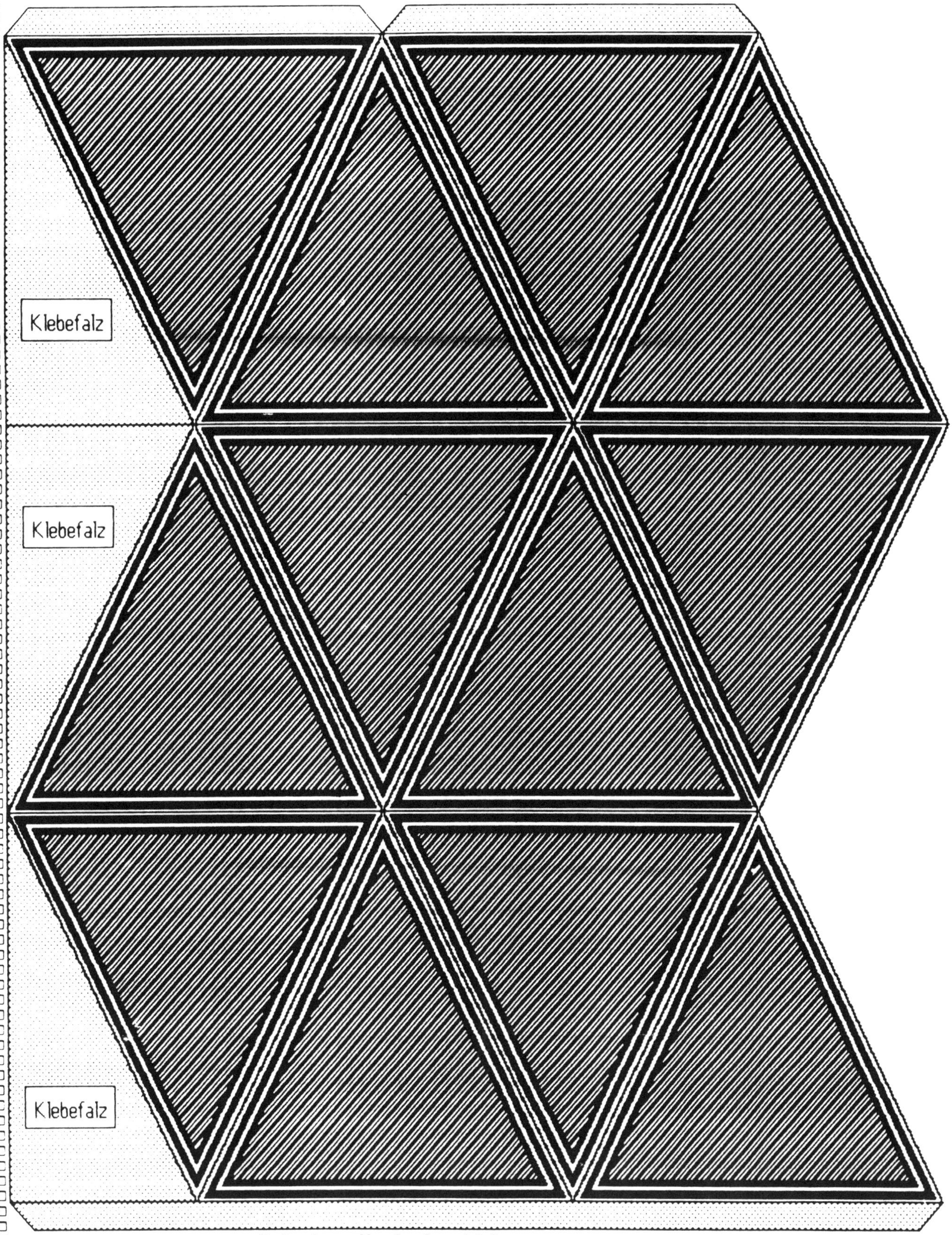

Falz A an Kante A ankleben

Bastelmodell 2

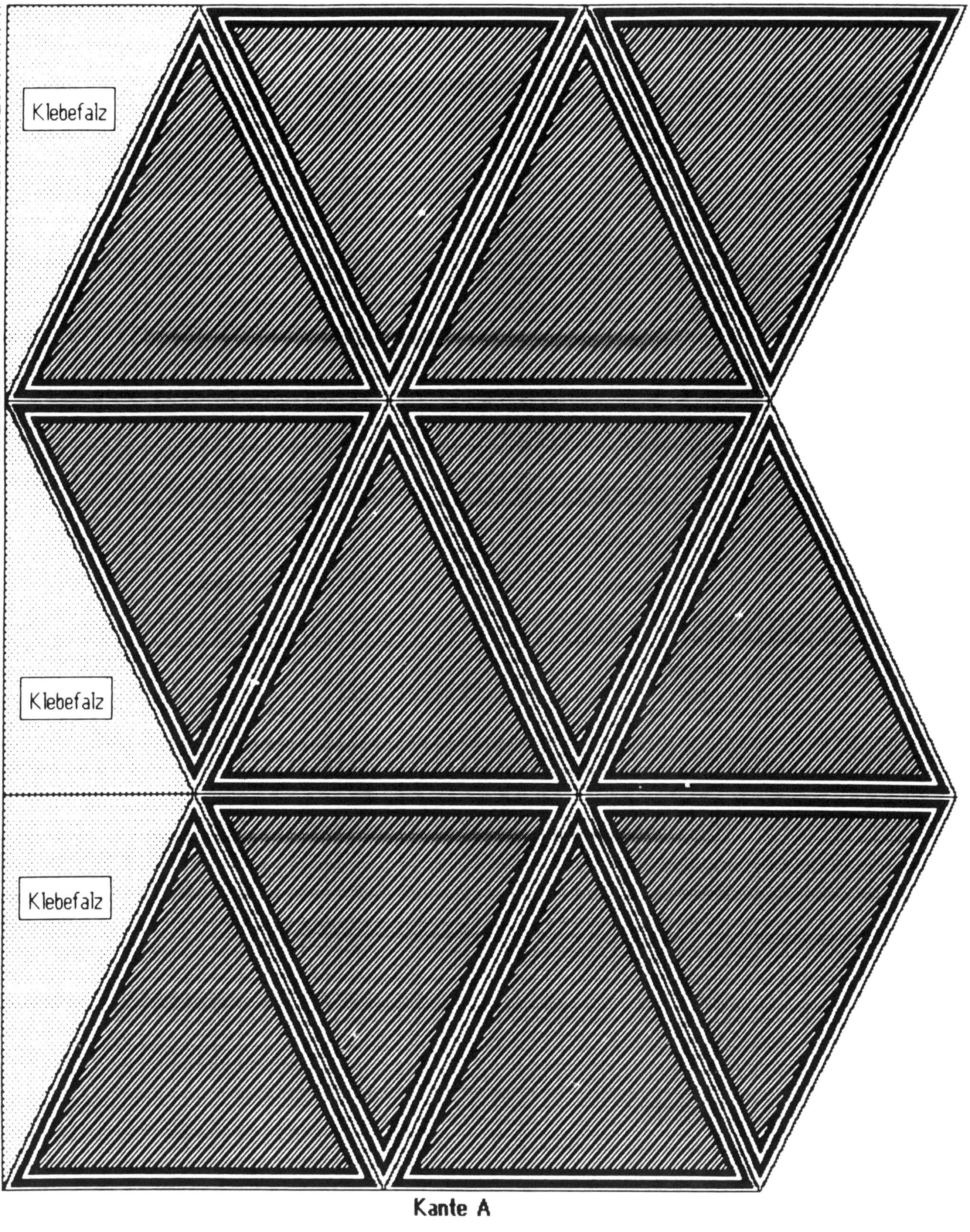

Bastelmodell 3

2 x kopieren

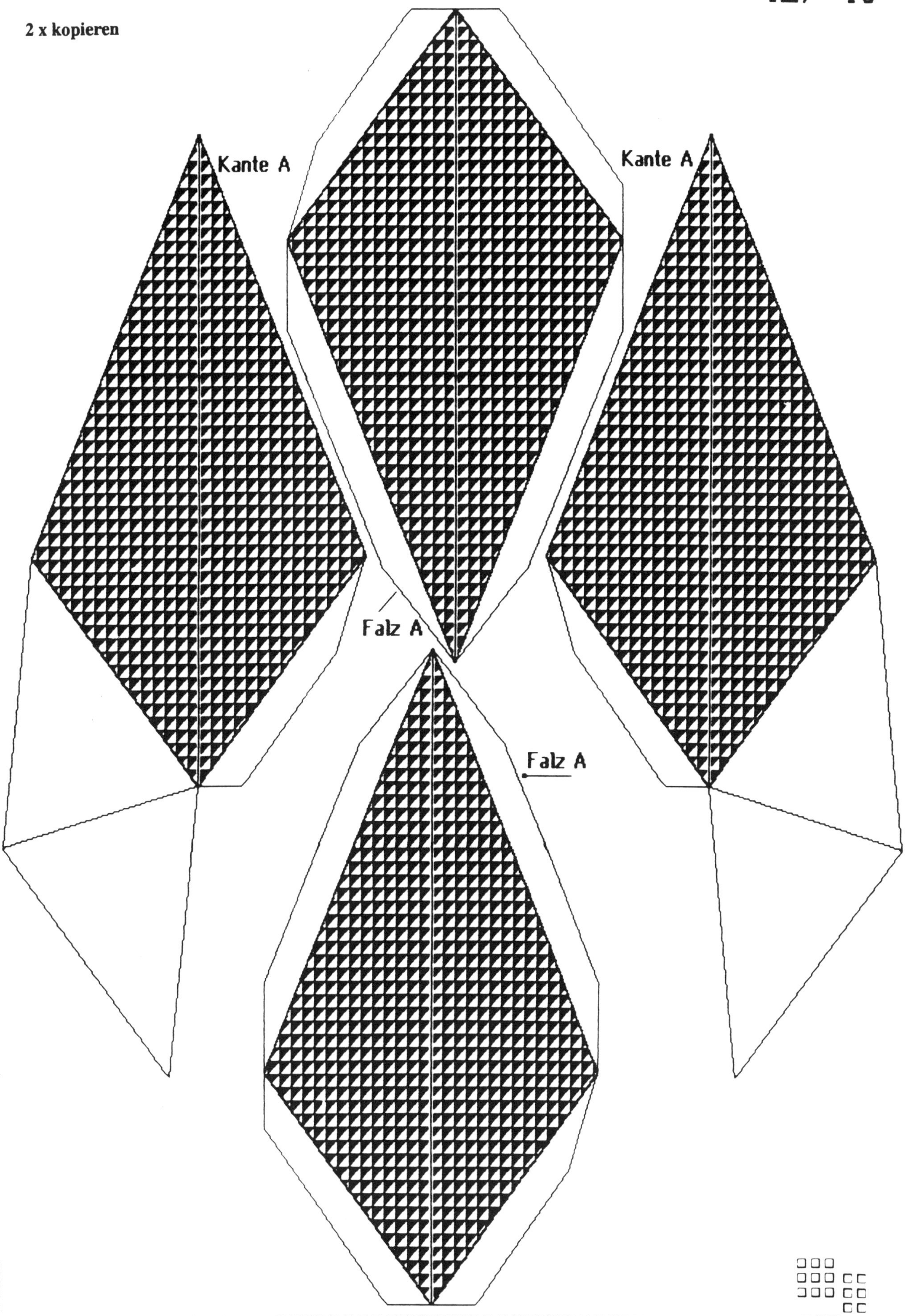

Bastelmodell 3

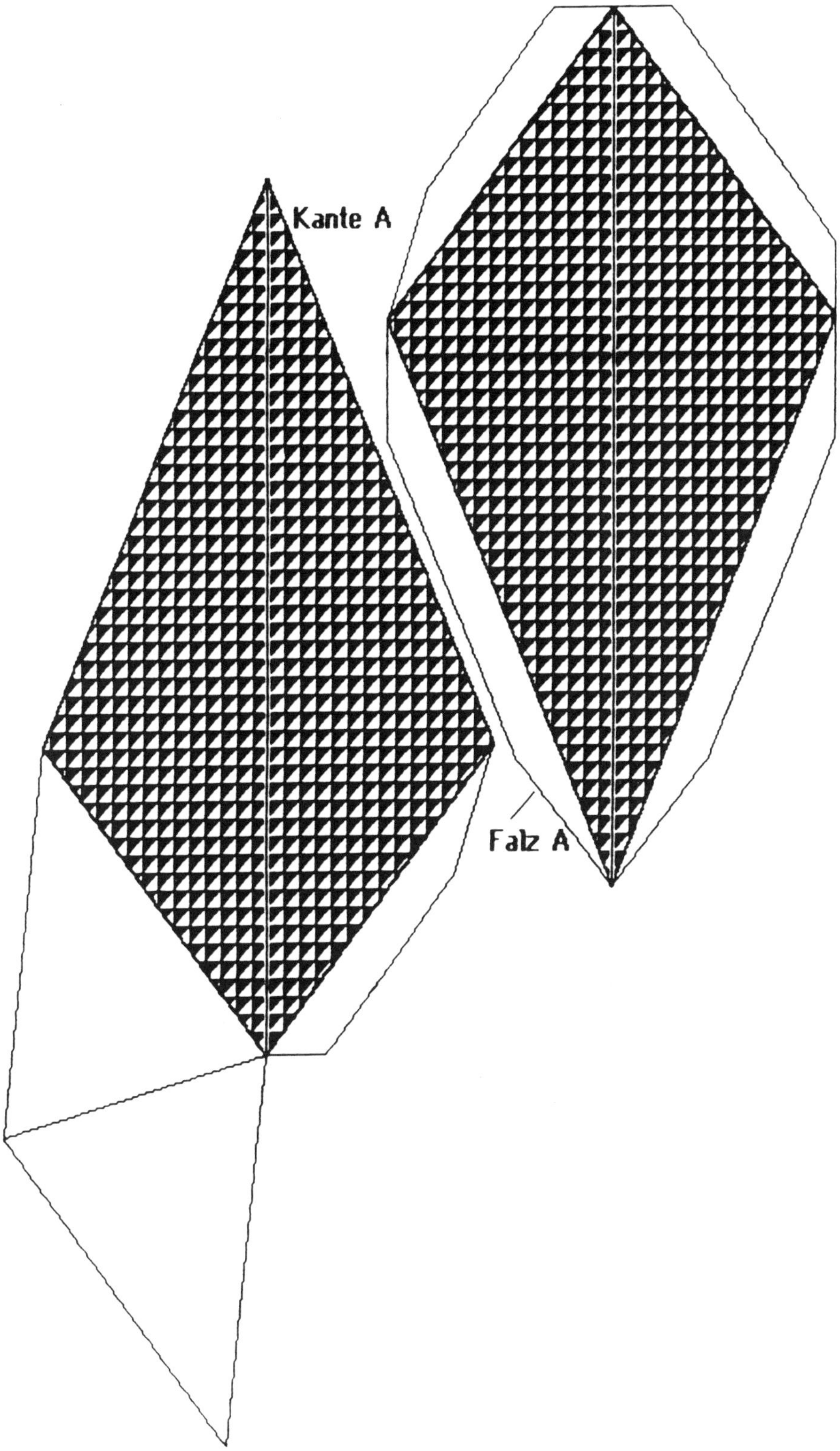

Bastelmodell 4

45/46/47/48/49

5 x kopieren

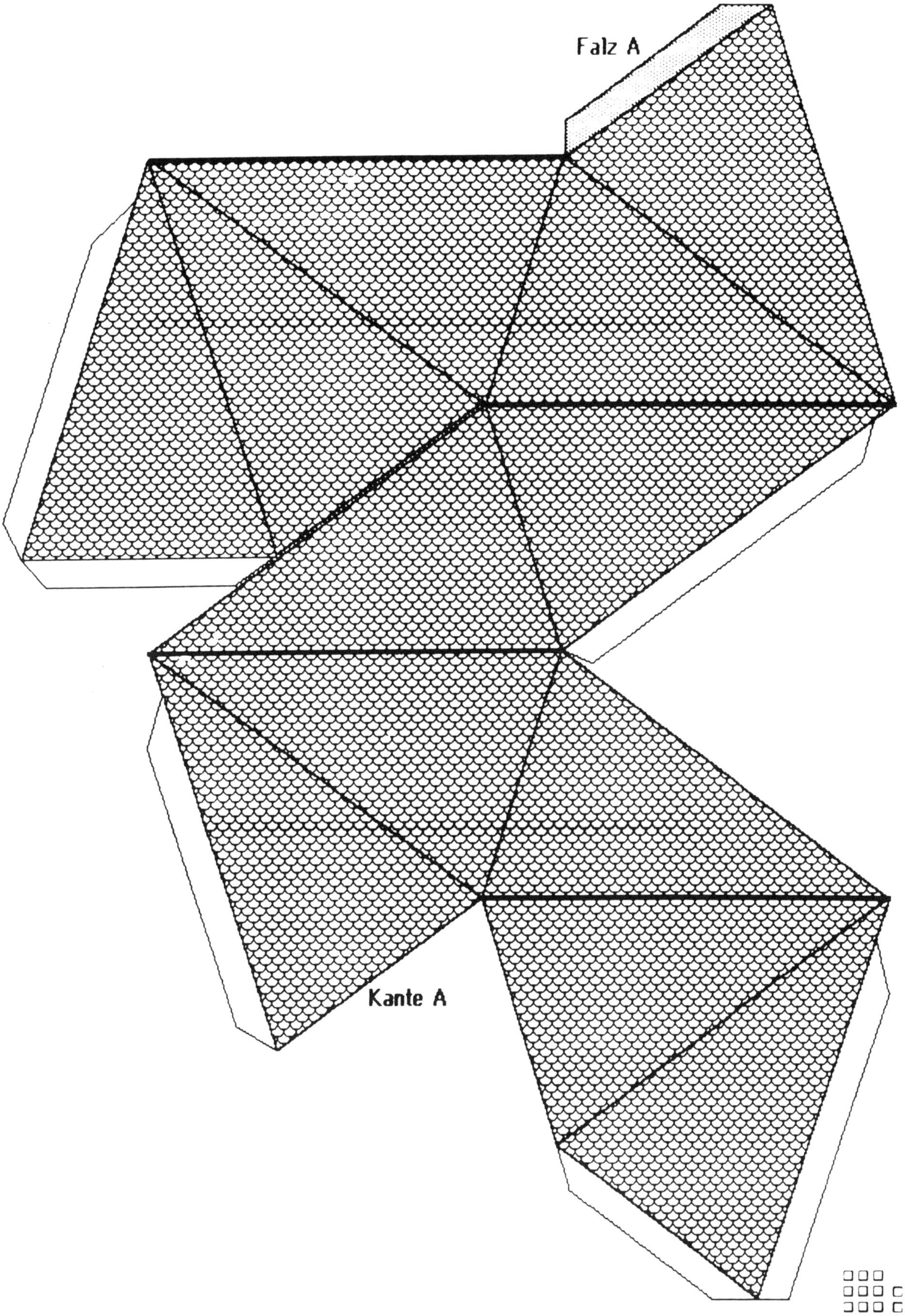

Koordinatensystem mit Folie bekleben und mit wasserlöslichen Faserschreibern beschriften

50

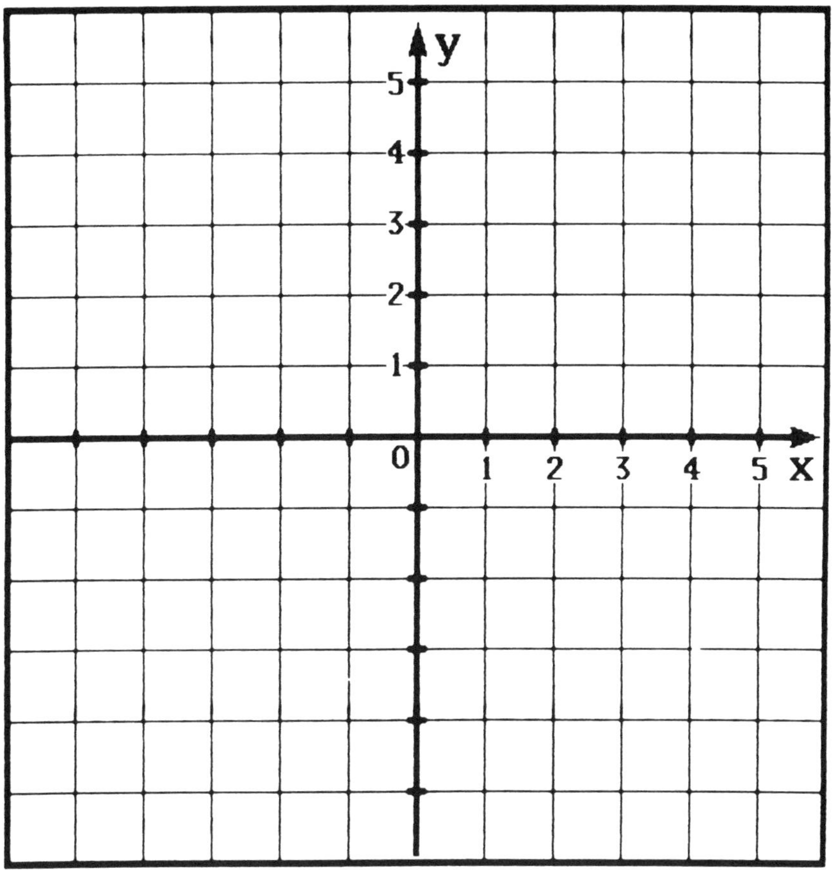

Koordinatensystem mit Folie bekleben und mit wasserlöslichen Faserschreibern beschriften

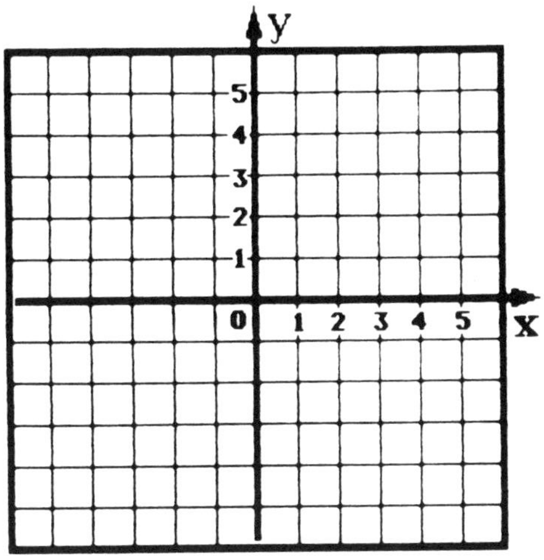

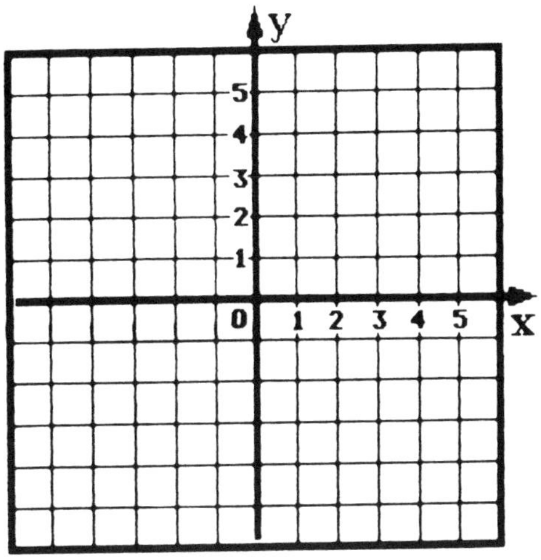

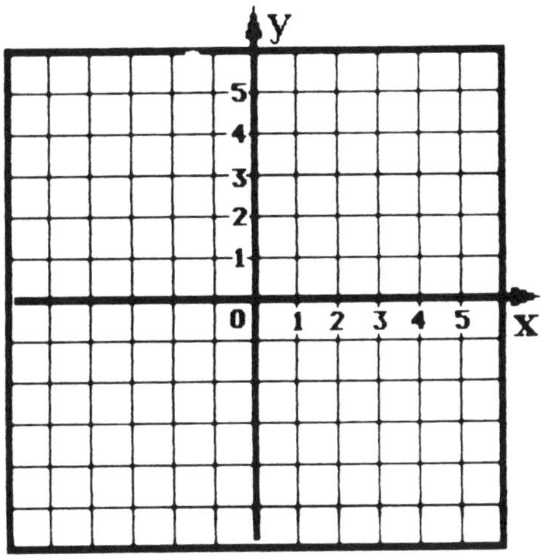

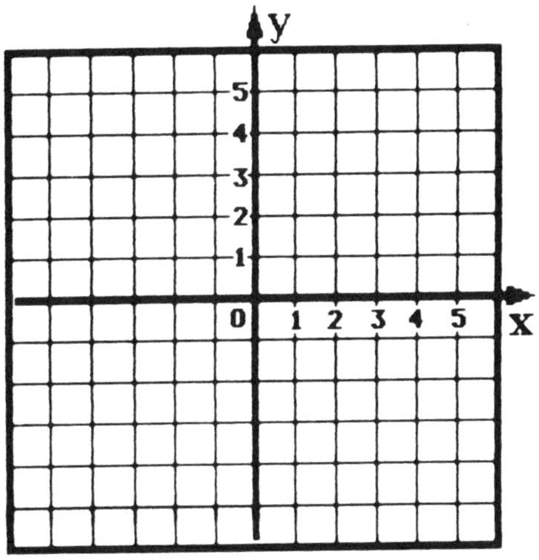

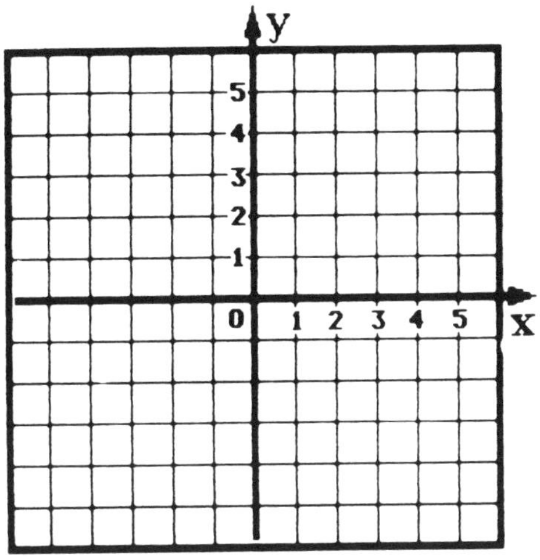

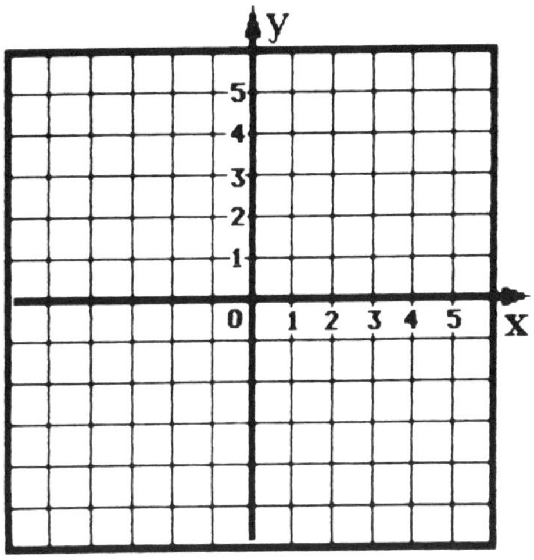

Koordinatensystem mit Folie bekleben und mit wasserlöslichen Faserschreibern beschriften

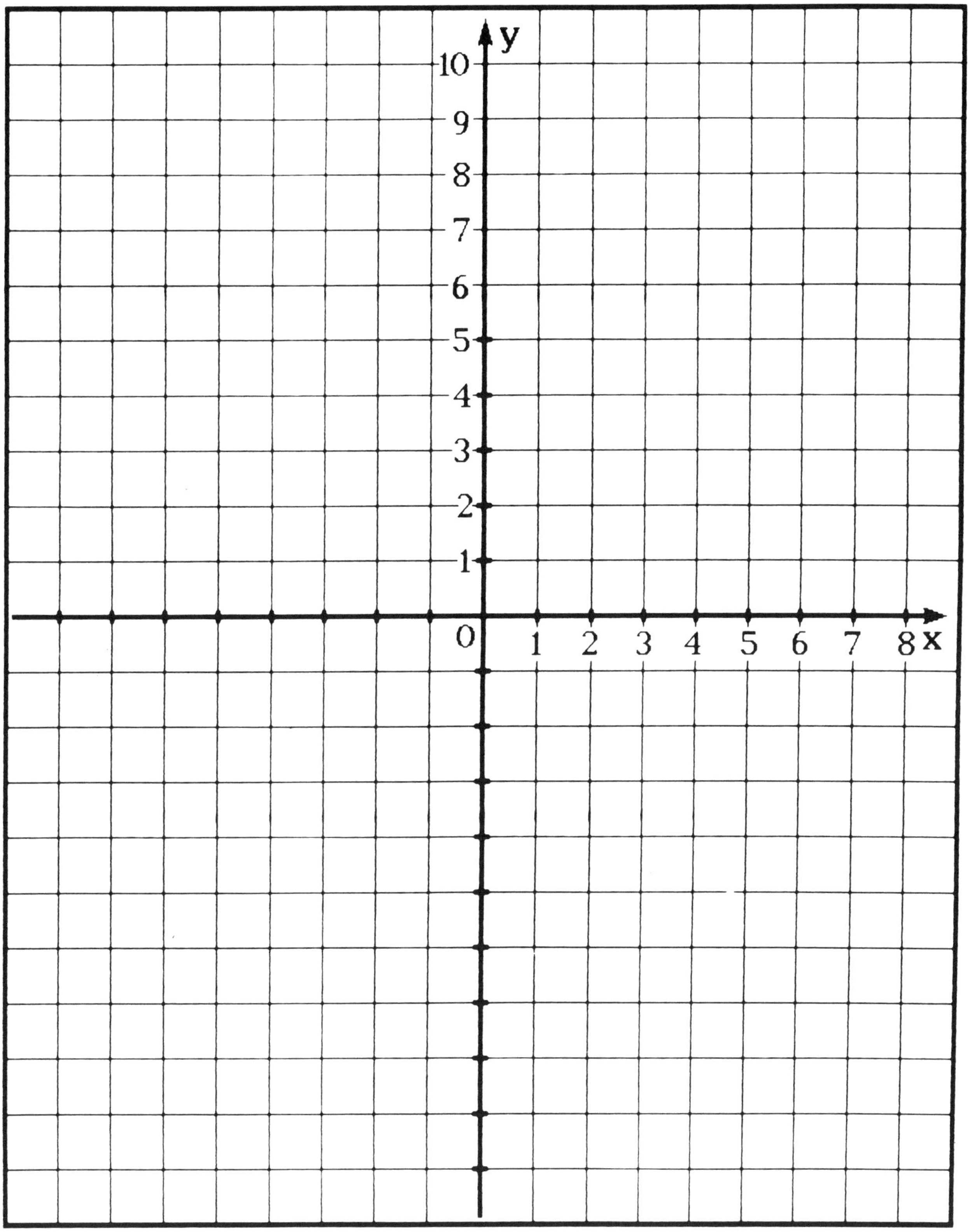

Die Graphen der Potenzfunktionen auf Transparentpapier aufzeichnen oder auf Folie kopieren

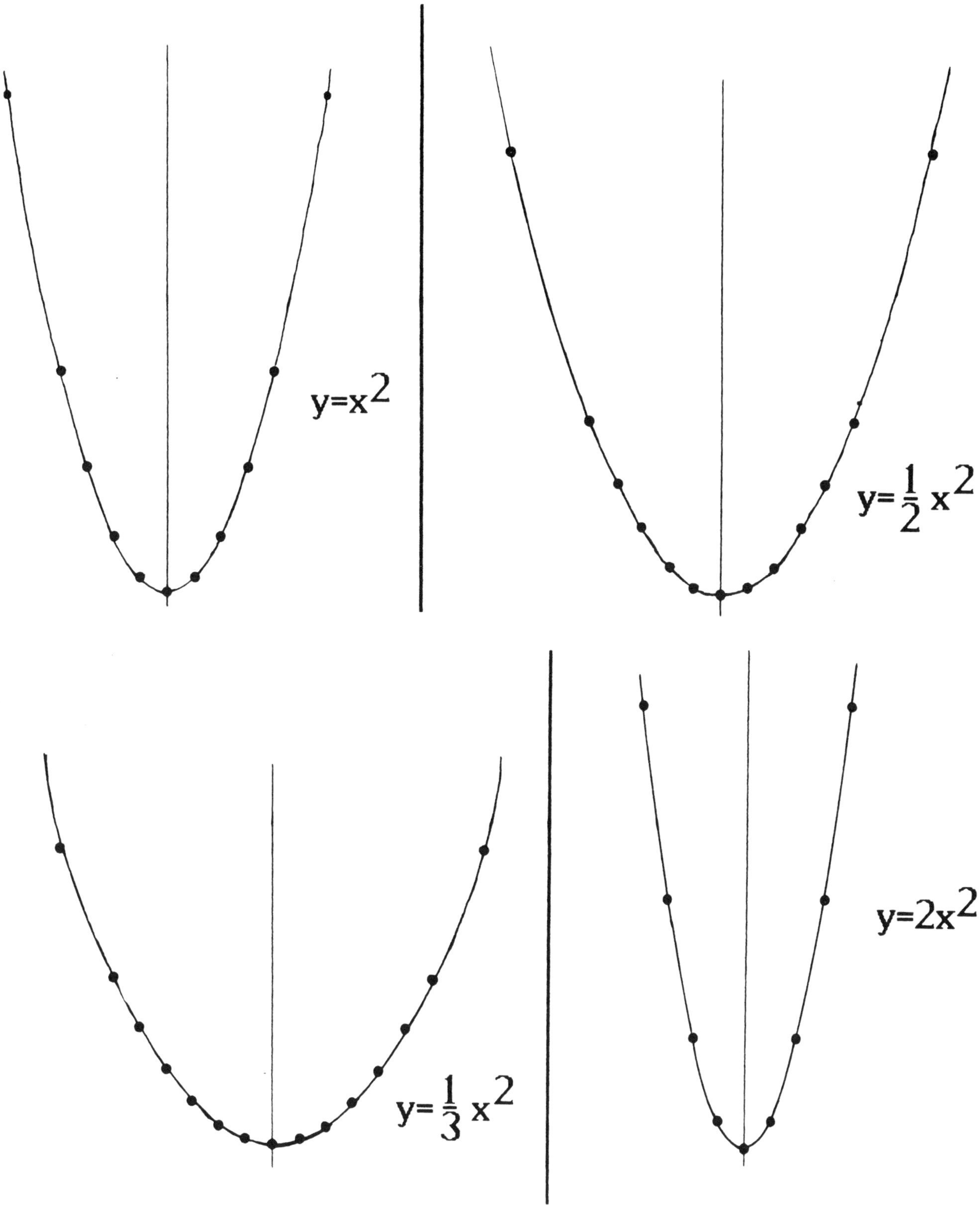

Die Graphen der Potenzfunktionen auf Transparentpapier aufzeichnen oder auf Folie kopieren

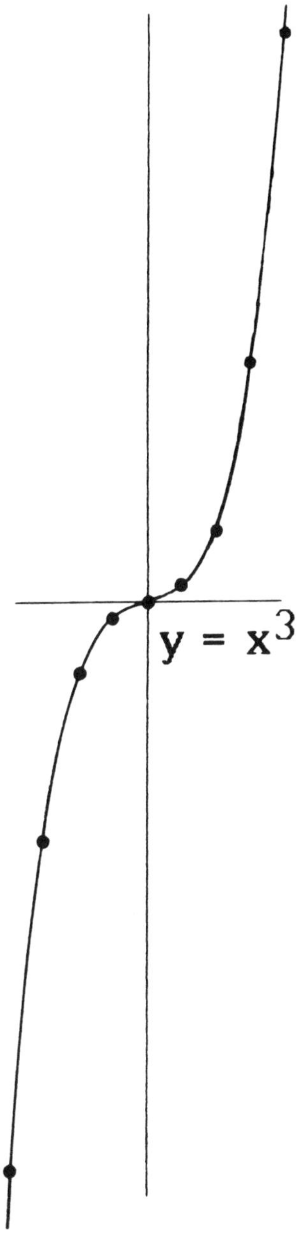

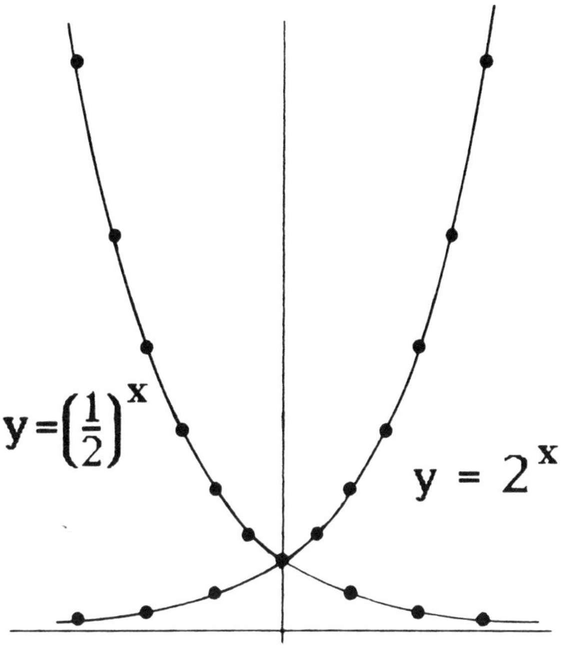

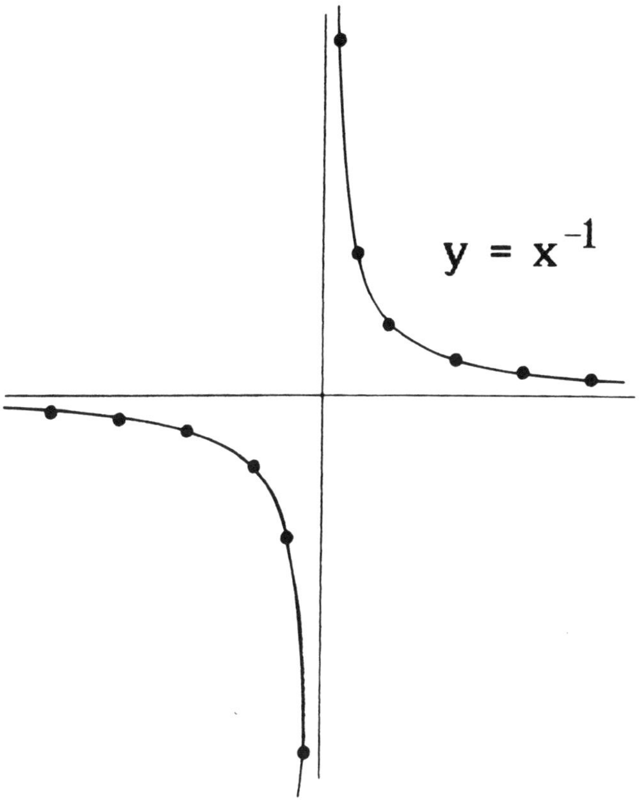

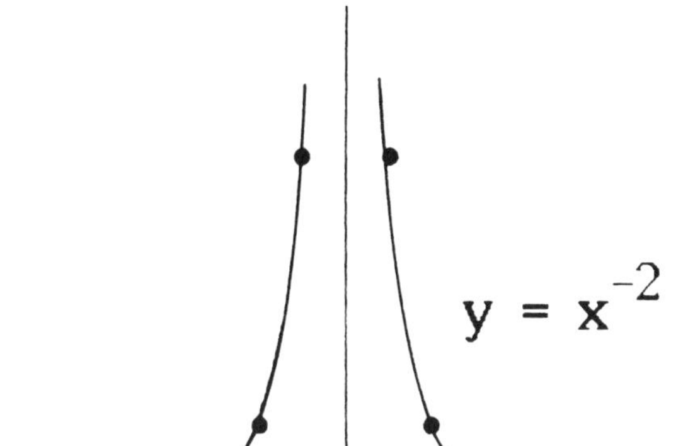

Vorlage mit Folie bekleben und mit wasserlöslichen Faserschreibern beschriften

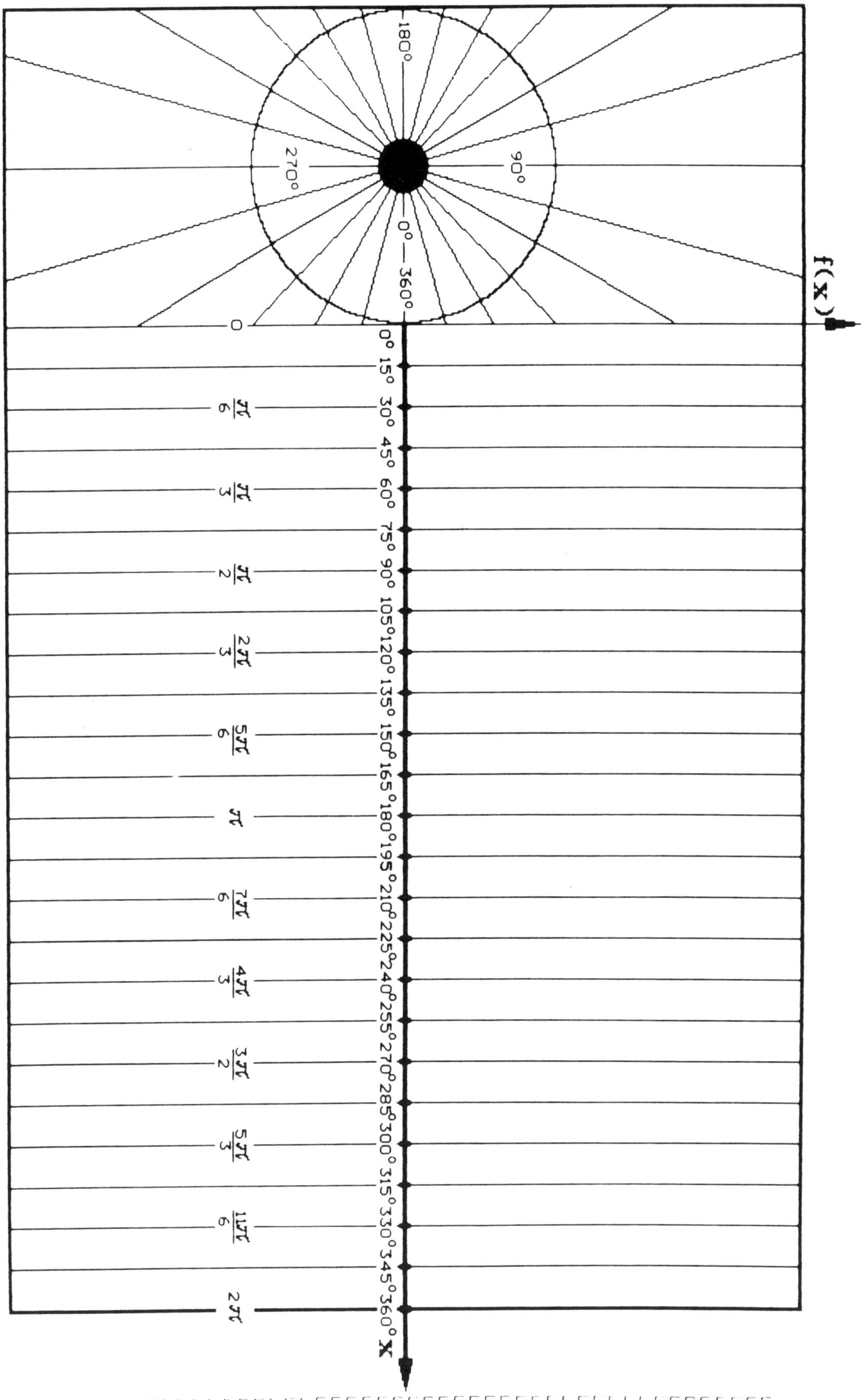